노루

노루

수필과비평사

| 작가의 말 |

작품을 모아 놓고 보니 제 그림자만 가득합니다.
지우지 못한 얼룩이거나 낫지 않은 상처입니다.
작은 그림자를 이렇게 불러 모으면
넉넉한 그늘이 될 수 있을는지요.
한 줄 이야기에 걸터앉아
잠시 바람을 쐬고 가시면 좋겠습니다.
上壽를 눈앞에 두신 어머니께 이 책을 바칩니다.
사랑과 격려로 여기까지 이끌어준 모든 분께
고개 숙여 감사드립니다.

2024년 가을 저녁
김삼복

| 차례 |

5 작가의 말

1부

12 화촉
17 무자위
23 낙타가시나무
29 우에우에테낭고
33 직녀의 장지문
38 여우바위
41 내력
47 목어 아래 피는 꽃
51 조율의 시간
56 '나순개' 아리랑

2부

- 62 몽심재 유감有感
- 68 마고
- 73 운명애愛
- 77 꽃 자수 인연
- 80 풀무
- 85 두 시인
- 90 목기
- 96 쑥돌
- 101 어떤 하루
- 105 삶의 한가운데

3부

112   삼의당 별곡

117   단풍기

121   처서

125   흰색 실명

130   저녁에 찾아온 이름

134   동리凍梨

140   사소년사思少年事

146   에덴을 부수다

151   소설小雪

154   놋달챙이

4부

- 160 기도 등대의 지문
- 166 어등魚燈
- 171 참꽃 불러오기
- 176 한 철 머무는 마음
- 181 홍어 한 접시
- 183 도로 눈을 감으시오
- 187 빛의 신성
- 192 강 건너는 먹감나무
- 197 끝이 있는 길
- 202 파랑새

5부

- 208 빗나간 탐사의 끝
- 213 명자꽃불
- 217 호반우
- 223 물 주는 두 가지 방법
- 228 기억의 정원
- 233 억새 산행
- 237 오늘은 팝콘처럼
- 241 우표의 꿈풀이
- 246 깡태
- 250 피어라, 꽃심

1부

화촉 | 무자위 | 낙타가시나무
우에우에테낭고 | 직녀의 장지문
여우바위 | 내력 | 목어 아래 피는 꽃
조율의 시간 | '나순개' 아리랑

화촉

하루 종일 서러웠다. 눈이 푹푹 내려 다리까지 빠진 날, 하필 내 등에 여자를 업었다. 무조건 깊은 산골로 이끄는 사내의 눈매가 서늘하다. 들어온 산속은 온통 자작나무다. 흰 빗줄기가 야무지게 꽂혔을까, 흰 눈발이 발목을 잡혀 뿌리를 내렸을까. 나무는 두고 온 하늘에 미련이 남아 고개 쳐들고 하루 종일 목을 젖혔다. 백옥 같은 목덜미 사이로 설움이 파고들어 검은 키스 자국을 남겼다. 사내의 긴 목도 고고하고 단단한 것이 자작나무를 닮았다.

부드럽고 매끈한 그루터기에 이빨 자국이 선명하다. 간밤에 산짐승 하나가 그리움에 몸부림친 흔적이다. 사랑했지만 사랑하지 말아야 할 사람을 떠나보내고 짐승 같은 시간이 백화 숲에 널브러져 있다. 여자가 내 등에서 내려서 사내 몰래 그의 이름을 새긴다. 누군가 왔다 갔는지 나뭇등걸 여기저기 몰래 새긴 사랑의 맹세들이 숨어 있다. 백화 껍질에 사랑을 약속하면 이루어진다는 낭설을 믿는 연인들의 인장이다.

  산골 집은 대들보도 기둥도 문살도 자작나무다. 울타리도 자작나무요, 단물이 솟는 우물도 자작나무다. 아궁이에서 자작자작 소리 내며 타는 나무다. 여우가 울고 승냥이가 어슬렁거리는 이곳은 온통 하얀 나라다. 백화를 다듬어 집을 짓고 우물을 파고 문간에 흰 당나귀인 나를 매어 둔 콧대 높은 사내는 시인이다.

  백화를 잘게 쪼개 밥을 짓는 그녀는 흰 눈이 푹푹 내린 날 내 등을 타고 숲으로 왔다. 동그란 얼굴에 뽀얀 가루분을 발랐던 여자다. 머리카락 휘날리며 숲으로 들어온 시인은 그녀를 나타샤라 불렀다. 평안도 정주 땅에서 제법 이름난 시인은 사슴이라는 별호로 여자들에게 인기가 좋은 사내라는데 어딘지 쓸쓸한 냄새가 온몸을 감싸고 있다. 분명 이 숲으로 애인을 데리고 도피한 것이리라.

  이전에 내 갈기를 훑으며 시인은 나에게 넋두리했었다. 바람 맛도 짭짤하고 물맛도 짭짤한 남쪽 통영에 굴 껍데기처럼 마른 란이라는 여자 하나를 사모했단다. 친구의 혼례식에서 처음 만난 란이는 수선화를 닮았다고 했다. 호리낭창하고 가슴에 병을 얻은 가엾은 여자였다. 새끼 오리나 헌 신짝이나 더부살이 아이 심지어 새끼 거미까지, 약하고 친한 것들을 사랑하였던 시인의 성정이 명정골에 홀어미와 사는 여자를 연민하지 않을 수 있었으랴. 나타샤는 란이를 닮지 않았다.

시인은 눈이 푹푹 내리면 질옹배기에 자작숯을 담아 아랫목에 놓고 감자를 구워 먹었다. 가자미를 좋아해 숯불에 구워 고추장에 잘도 찍어 먹었다. 낡은 밥상에 흰밥과 가자미를 놓고 친구처럼 사이좋게 밥을 나누는 시인은 착하다. 착하디착해서 가시 하나 없는 가자미를 놓고 그것만 있으면 가난해도 서럽지 않고 외롭지 않다고 했다. 흰 밥과 가자미 반찬만 있으면 세상 밖에 있어도 좋다는 시인의 허풍에 나는 고개를 절레절레 흔들었다. 나는 왜 흰 밥과 가자미를 먹을 수 없는가. 정답고 미더운 반찬을 맛볼 수 없는가 말이다. 밤낮 비쩍 마른 여물이나 질겅질겅 씹을 일이 세상 서럽다.

오늘 밤은 큰 눈이 오실 듯싶다. 여물을 한가득 내 여물통에 집어넣어 준 시인은 겨드랑이에 손을 넣고 하늘을 쳐다본다. 고향에 계신 어머니를 생각할까, 아니면 따뜻한 단술을 생각하는 것일까, 아니면 지척에 자야를 두고도 개포가 란이의 얌전한 가르마를 떠올리는 것일까. 머루 빛 밤하늘을 보며 시인의 눈가가 젖었는지 슬쩍 닦는다.

 화촉 밝힌 봉창에 눈발이 스친다. 자야와 둘이 앉아 오구작작 이야기를 나누는데 그 이야기판에 나도 들어 밤을 같이 밝히고 싶다. 하루 종일 울밖에 매여 쿵쿵 콧방귀나 뀌는 내가 이런 생각을 하고 있는지 시인은 모르리라. 자작나무숲을 들며 날며 내 등에 나타샤를 태워 장에 가는 것과 백화나무를 실어 나르는 일로 나는 소임을 다한 것이다.

 깊은 산속 오막살이에 가난한 시인이 화촉 불 밝히며 시를 쓴다. 모처럼 나타샤가 소리를 뽑는지 오늘 밤은 창가가 뜨겁다. 더러운 세상 같은 것은 버렸다고, 산골로 가는 것은 세상에 지는 것이 아니라고 큰소리쳤던 시인이 오늘만은 서글프지 않으리라. 이제 밤톨 같은 이마를 가진 아이들이 태어나 산길을 쫄래쫄래 따라다니며 아버지의 시를 외울 것이다. 밤도 자리를 편다. 그날처럼 함박눈이 내리기 시작한다. 마침내 봉창에 화촉불이 꺼지고 시인의 이마는 눈빛에 푸르스름할 것이다. 나도 오늘 밤이 좋아서 응앙응앙 소리내어 운다. 이제 무릎을 꿇고 갈기에 머리를 묻고 눈꺼풀을 감아야겠다.

 자작나무숲에 왔다. 갑자기 흰 당나귀의 목소리를 들었다. 지금은 그들 모두가 사라진 백화 숲에서 평생 외롭고 쓸쓸했지만, 한없이 높았던 이를 오래 생각한다.

무자위

갯골의 전설이 술렁인다. 수천 년 전 숲이 울창하고 바다가 보이는 언덕배기에 곰을 숭배하는 부족이 살았다. 여기는 곰 자매가 바위 동굴에 들어 쑥을 소금에 찍어 먹은 곳이다. 이곳에서 그녀들은 마늘도 소금에 구워 먹었다. 때를 채우지 못한 족장 막내딸이 단군의 처가 되지 못해 폭포에 몸을 던진 곳이다. 전설이 머문 이 마을 사람들은 곰 처녀의 영혼을 위로하기 위해 동네 이름 앞에 '곰' 자를 놓았다. 술렁이는 전설은 고랑을 따라 오늘로 내려오고 처녀 곰의 넋은 파도 너울 쓰고 송화 따라 노란 소금꽃으로 온다. 곰소의 소금밭은 유월에 가장 빛난다.

고요한 난치의 물 위로 흰 구름이 잠겼다. 저수지를 거쳐 제일 먼저 도착한 함수를 모셔 놓은 곳 난치, 몇 날 며칠 무자위가 꼿꼿하게 서서 팽팽 돌았다. 무자위는 소금밭을 돌리는 뜨거운 심장이다. 난치에서 일주일을 머문 바다가 두 번째 밭인 늦태로 내려오면 그제야 바다는 허리춤을 풀고 발을 뻗는다. 태양이 대파 작대기에 기대어 서녘으로 쓰러질 무렵, 산 그림자가 소금밭으로 기어 내려와 바닷물을 가둬둔 무논에서 흙 묻은 발바닥을 씻는다. 늦태 두렁 안에 구름과 산 그림자와 붉새가 잠기면 그 곁의 함수도 설렘과 떨림을 안고 때를 기다린다. 모두는 잠시 유예된 바다의 시간을 무엇으로라도 잇고 싶다.

붉새는 소금밭에서 더 붉게 피워지는 노을이다. "어이, 오늘 붉새가 맑으니 내일은 반가운 소금꽃이 오시겠네그려." 노을빛을 보고 내일을 점치는 염부는 흐뭇한 얼굴로 대름을 담가 염도를 재본다. 물꼬를 열어 송판으로 흐르는 함수를 결정지로 모신다. 흥분한 바다가 우르르 쏟아져 들어온다. 젖은 바다가 바람과 태양의 시간을 빌려 메마르고 가벼워지면 눈부시게 내려오실 귀한 손님, 염부는 궁극의 귀착점으로 흰 소금꽃이 맺히길 꼬박 이십오 일을 기다렸다.

새벽 나절, 벌걱벌걱 염부의 장화 소리가 송판 두렁에 물 도장을 찍는다. 잡다한 바다의 사연은 하늘로 보낼 것은 보내고 수로로 빠질 것은 빠졌다. 맑은 바다가 장판 위로 잘게 부서져 웅성거린다. 수평선이 보낸 절절한 눈물도 보름 전 늦태의 개펄 밑으로 사라졌다. 푸른 허물을 벗은 바다는 오직 여기에서 각화된 편린이 되어 백금 결정체로 환치한다. 무엇이든 허영과 욕심을 벗어야 빛나는 보석이 된다. 짜디짠 슬픔도 자랑이 되는 것은 부끄러운 일, 다소곳한 소금꽃은 백옥 같은 속살을 옹그리며 하늘을 향해 수줍다. 잎도 없고 뿌리도 없고 향기조차 없는 흰 꽃잎들이 염판에 듬쑥듬쑥 돋아났다. 잘게 쪼개져 눈부신 포말의 꽃밭이다.

바다 최후의 산화처, 소금밭에서 바다는 이제야 단단한 몸을 입어 세상으로 나간다. 염부의 대파질이 시작된다. 외발 수레에 실려 소금창고에 모셔진다. 지금부터는 고요히 숨겨져 몸에 남은 마지막 쓴 물을 빼는 시간이다. 시간도 햇볕도 바람도 묵언에 들어간다. 드디어 소금의 짠맛이 감칠맛 나는 단맛으로 해탈한다. 조금씩 썩은 세상을 향하여 제 몸을 뒤척인다. 맛을 내는 곳에서 제 몸을 녹인다. 악운을 때리는 대문간에서 매서운 회초리가 된다. 세상 사는 것이 싱거운 젊은이의 입술에 짜디짠 입을 맞춘다. 소금 길의 대미, 염부의 주름진 얼굴이 꽃처럼 핀다. 이제야 힘차게 돌았던 무자위도 숨을 돌린다.

신안 비금도에는 무자위를 밟고 있는 사내의 동상이 있다. 하얀 무명 끈을 이마에 두른 채 비스듬한 지렛대를 잡고 있다. 힘줄이 울퉁불퉁한 종아리 위로 바짓가랑이를 걷어 올렸다. 섬에 들어와 소금 만드는 비법을 풀어 놓은 덕분에 섬사람들이 배곯지 않고 살았다. 그 후로 비금도는 새가 나는 섬이 아닌 돈이 날아다니는 섬이라고 소문이 났다. 사내의 눈동자는 흰 꽃이 내릴 저 아래 염전의 지평선을 보고 있다. 발밑에서 퍼 올린 바닷물, 징글징글한 가난을 벗어나고 싶은 절인 꿈이 그의 지렛대를 잡고 일어섰으리라. 온종일 바닷물을 자아올리다 걸음이 멈춰있는 작은 영웅의 물수레 바퀴는 아직도 숨이 차다.

열 살 때인가, 소 꼴을 베다가 주인이 자리를 비운 무자위를 만났었다. 물레방아와 닮은 것이 논두렁에 서 있었다. 하나의 굴대 주위에 여러 개의 나무판을 나선형으로 붙이고 있었다. 날개 발판을 밟으니 바퀴가 돌아가면서 물을 퍼 올리는 것이 신기했다. 논에 물을 대다 한가롭게 졸고 있는 무자위를 발견하고는 신발을 벗고 발판 위를 딛고 올랐다. 한발 한발 계단을 오르는 것처럼 밟으니 빙글빙글 돌았다. 발을 멈춰버리면 바닥에 고인 물 아래쪽으로 내 몸이 쑥 내려갔다. 밟아도 밟아도 무자위 꼭대기는 오르지 못했다. 내가 밟은 속도만큼 나의 무게만큼만 퍼 올려진 수로의 물이었다. 미끈거리는 나무 발판을 몇 바퀴 밟아보다가 다리가 아파서 내려왔었다.

낮은 곳의 물을 높은 자리로 올리는 일은 끊어지지 않는 힘이 필요하다. 꿈을 올리든 욕망을 올리든 삶의 무자위를 밟는 것은 한 발씩 올라서야 한다. 잠시 한눈을 팔면 미끄러지는 자리다. 쳇바퀴 돌 듯 제자리걸음 같아도 밟고 올라선 만큼 물은 퍼 올려진다. 세상 사는 것도 이와 다르지 않다. 염부는 소금 꽃이 필 때까지 평생 그 자리에서 무자위를 밟고 오른다. 염부의 눈빛은 바다를 향하지 않는다. 오직 소금 꽃이 내린다는 결정지를 뚫어지게 바라볼 뿐이다.

　나의 발밑에도 바닷물이 있다. 내가 끌어 올려야 하는 바닷물이 무자위에 올라있는 나를 안타깝게 올려다본다. 올봄, 지천명을 넘어 다시 대학의 문을 두드렸다. 수십 년 묵어 거미줄이 처진 낡은 무자위를 닦고 수리해 힘겹게 돌리고 있다. 뻑뻑한 무자위는 자주 고장도 나고 삐걱댄다. 그 핑계로 나무 그늘에 들어가 눈을 붙이고 싶지만 그래도 쉴 수는 없다. 언젠가 나의 소금밭에서 순백의 흰 꽃이 피는 날을 위하여 계단을 오른다. 흰 소금 꽃을 나눠주기 위하여 앙다문 입술에 퍼런 멍이 들도록 한 발 한 발 수차의 바퀴를 돌린다. 생의 무자위를 돌리는 그 자리에서 하얀 결정체를 간절히 기다리는 사람은 모두가 가난한 염부다. 무자위에서 눈을 들어 보는 곳은 소망의 결정지, 저마다 소금 꽃을 기다린다. 씽씽 무자위가 도는 진자리는 언제나 꿈꾸는 자리다.

지구가 해를 잡고 돌면 해는 지구의 꽃과 짐승들과 사람을 품고 우주를 돈다. 달이 제 얼굴을 숨겨 지구의 밤을 잡고 돌면 바다는 제 허리띠를 늘였다 줄이며 어족을 키운다. 별들은 별자리를 따라 돌고 새들은 철을 따라 하늘을 돈다. 해를 따라 계절의 무자위가 돌 듯 사람도 꿈을 따라 제 무자위를 돌리고 사랑을 따라 세월을 돈다. 모든 것이 돌고 도는 세상은 그래서 어지럽다. 달이 뜨고 해가 지고 소금이 오고 소금이 가는 곳, 산 그림자가 붉새와 손잡고 쉬어 가는 곳, 무자위가 씽씽 돌며 자아올린 염부의 꿈이 영그는 염밭. 어쩌면 사는 것이 꿈에 속기도 하고 꿈을 속이기도 한다지만 그렇대도 무슨 대수랴, 무자위는 돌고 돌며 소금꽃으로 번지고 가난한 사람들 마음속 수레는 생의 어스름까지 달릴 것이다.

밤을 호위한 달빛이 늦태 위로 뜨는 저녁, 입술에 쑥물 든 처녀의 영혼이 앞섶에 송홧가루 묻히며 곰소의 옆구리를 파고든다.

〈2021. 해양문학상 수상작〉

낙타가시나무

매번 낯선 길이다. 여러 겹의 얼굴을 가진 사막 안, 밤새 돌개바람이 별빛을 뿌렸는지 다져놓은 발자국은 노란 모래로 덮여 있다. 꾸역꾸역 마른 바람이 나를 떠민다. 엊그제 살짝 삐끗한 발목이 시큰거린다.

내가 들어가는 곳은 태양이 작열하는 사막 한복판, 사구 위에 버티고 있는 거대한 건물 속이다. 그 속에서 온종일 길을 찾고 먹이를 구하려 서먹한 사람들을 만나야 한다. 목에 사원증을 걸고 컴퓨터를 보며 일하는 그들 또한 먹이를 벌기 위해 주눅 든 사막여우들이지만 나에게는 고객님이시다.

잘 차려입은 여직원 손에 구수하게 내린 커피가 들려 있다. 아침 식사를 커피로 대신하는 그녀에게 식사 대용 전단을 주었다.

커피 빨대를 만지작거리며 나에게 눈길 한번 없이 새침하다. 숙취로 눈이 빨간 직원이 문을 열고 들어왔다. 얼른 뛰어가 숙취 해소에 좋은 음료를 소개했다. 속이 쓰려 가슴을 문지르면서도 선뜻 신청하지 않는다. 하나 둘, 거절들이 나의 기대를 꺾는다. 거절을 거절하고 여기서 도망치고 싶다. 계단을 오르내렸더니 발목이 더 아팠다. 배달 가방에 눌린 한쪽 어깨가 더 깊이 내려앉았다. 오랫동안 사막 먼지에 뒤섞인 눈물이 언제 말랐는지 기억이 없다.

엄지발가락이 쏙 나왔다. 구멍 난 양말 밖으로 나온 부끄러운 발가락, 얼른 양말을 끌어당겨 발가락을 덮었다. 그때 하필 복도 끝에서 새끼 낙타가 내 쪽으로 걸어왔다. 저나 나나 이렇게 부딪히고 싶지 않다. 서로의 간격이 좁아질수록 긴장감은 팽팽해졌다. 두 달째 아침저녁으로 등하교를 시켜주는 나를 학교에서는 머리를 외로 틀며 이렇게 모른 척했다.

등에서 열이 올라왔다. 행여 양말 밖으로 나온 나의 발가락이 보일까 봐 엄지발가락에 힘을 주었다. 오늘도 학교 정문에서 한참 떨어진 신호등 사거리에 내려 달라고 하였다. 교무실에 매일 제품 배달을 오는 아주머니의 아들이 저라는 것을 들키고 싶지 않음을 나는 알고 있다.

교무실 안은 조용하다 못해 숨이 막혔다. 모니터에 시선을 고정하며 아무 말도 건네지 않는 선생님들에게 밝게 인사를 했다. 거들떠보지 않는 선생님들의 모니터에 올라온 뉴스를 곁눈질했다. 아들 담임선생님은 미안해하는 모습으로 서비스 제품을 슬며시 받아 옆에 두었다. 받고도 부담되는 얼굴과 주고도 부끄러운 마음이 얽히는 순간, 수업 시작종이 울렸다. 일제히 일어서는 나의 고객님들은 교실로 유유히 사라졌다.

넓은 운동장은 조용했지만 움츠린 마음속은 시끄러웠다. 다 비워낸 가방인데 다시 돌을 담은 듯 무거웠다. 이 철없는 새끼 낙타를 데리고 사막 어디까지 들어가야 오아시스를 만날 수 있을까. 갈라진 입술이 탔다. 메마른 입안에서 모래알이 씹혔다. 이마에서 흐르는 땀방울이 눈으로 들어갔을까. 매운 눈을 질끈 감았다. 창밖으로 내 모습을 보고 있을지 모를 새끼 낙타의 눈망울은 지금 어떤 빛일까. 저 아이의 목에 걸어 둔 고삐는 아비 낙타가 자신의 가슴 털을 꼬아 새끼 낙타의 목에 고삐를 곱게 매어 준 것이다. 크는 동안 고삐를 당기는 대로 잘 따라왔는데 학년이 올라가더니 예민해진 새끼 낙타는 발굽에 힘을 주고 엉덩이를 빼며 자기 뜻대로 버티는 날이 잦아졌다.

땀에 절어 발냄새를 풍기는 부부 낙타의 길에 자주 채찍 같은 모래바람이 불었다. 가진 것을 다 잃고 결국 사막까지 쫓겨 온 우리에게 다른 길은 없었다. 바람이 쓸어 올린 반월 사구 하나가 보였다. 내일은 저 사구를 넘어야 한다. 저녁마다 서리 같은 시린 기운에 별빛이 떨었다. 그 별빛 하나를 나침반 삼아 캄캄한 사막 길을 걸었다. 누군가 사막에서는 지도를 따라가는 것이 아니라 했다. 그래서 길이 있으나 없으나 가는 곳이 길이라 여겼다. 바람에 따라 모래언덕은 자꾸 모양을 바꾸었고 발바닥에 붙어있는 육구는 너덜너덜 걸레가 되었다. 지금은 마음이 가리키는 방향이 가야 할 방향이리라.

한때 신이 주신 멋진 뿔이 우리에게도 있었다. 서역 잔치에 놀러 간 꾀 많은 사슴이 그 뿔을 빌려 간 뒤 돌아오지 않았다. 가끔 서역 하늘을 바라보며 오지 않은 사슴을 원망했다. 부부 낙타가 먹이를 찾아 헤매는 동안 아이들은 단칸방에서 낙타 뼈를 가지고 공기놀이를 했다. 저녁을 거른 채 자는 날도 많았다. 아이들을 깨워 밥을 먹였던 사막의 저녁 시간, 어미가 새끼들에게 물린 젖은 짜고 매웠다.

낙타 가시나무에 불이 일었다. 붉은 꽃들이 사막 한가운데 피어 있었다. 편히 앉을 만한 그늘은 없었다. 푸른 잎들 사이로 반 뼘이나 되는 굵은 가시가 보는 눈을 아프게 찔렀다. 꽃과 가시가 뒤엉킨 나무다. 아무렴, 저 나무도 이 모래언덕에서 살아남자면 자신을 지키는 가시 몇 개는 필요했으리라. 꽃을 사랑하고 상처를 감싸는 방법이 가시를 품는 것이어야 한다면 낙타가시나무의 숙명인지도 모른다. 사막의 한가운데서 소중한 꽃을 지켜주는 일로 가시는 사명을 다하고 있었다.

  가까이 가기가 두려웠다. 말을 건다고 받아 줄 것 같지 않았다. 사람을 만나는 나의 일은 뾰족한 가시를 건드리는 일이다. 나를 밀어내는 사람들에게 내 손가락이 무수히 찔리는 일이다. 그러나 사막에서 밀려나지 않고 그 속에서 버텨내야 한다. 여러 겹의 사람을 읽어내는 일은 만만치 않았다. 어쩌면 나 또한 여기저기 박힌 잔가시를 뽑아내며 나도 모르게 남을 찌를 나만의 가시를 몸에 둘렀으리라.

  목이 마른 다른 낙타들이 움직이기 전에 불기둥처럼 피어오르는 나무 곁으로 터벅터벅 걸어갔다. 등 위로 솟은 두 개의 혹은 짐이기도 하지만 생명 줄이다. 그 속에 숨겨놓은 먹이조차 바닥이 났다. 내 갈증이 나를 그곳으로 끌고 갔다. '이 꽃잎을 먹어야 한다.' 뻔히 찔릴 것을 알고 있다. 꽃잎 한 장에 입천장이 찔리고 푸른 잎 한입에 혀가 찢겨 피가 흘렀다. 뜨겁고 찝찔한 붉은 피로 목을 축였다. 비릿한 피 냄새가 콧구멍을 타고 내쉬어지는 한낮, 시퍼런 가시 끝이 드디어 낙타를 살렸다. 높은 자존심의 무릎을 꺾고 제 몸에 붉은 포도주를 바쳤다. '그래, 이 가시나무를 씹어서 새끼 낙타에게 먹이는 일은 부끄러운 것이 아니다.'

교문 앞에 차를 정차했다. 야간 학습이 끝난 새끼 낙타의 책가방이 허리까지 내려왔다. 차를 탔으나 아무 말이 없다. 모른 척하는 일로 매일 시달렸을 새끼 낙타의 마음 벽의 가시를 뽑아 주고 싶었다. 지금까지 복도에서 애써 외면해 주는 것이 내가 아이에게 해줄 수 있는 최선의 일이었다. 그러나 그러지 말았어야 했다. 아이가 제 방에 들어가 엎드려 울었다. 조용히 문을 닫았다. '새끼 낙타야, 지금 너와 나는 가시 박힌 붉은 꽃을 먹고 통증을 앓는 것이야. 눈물로 슬픔을 닦고 혼자 우는 일에 조금씩 익숙해지는 것이야.' 새끼 낙타가 잠들었다. 입안 상처를 훑은 혀 돌기에 아직도 가시가 짚였다. 새끼 낙타의 갈기를 쓸어내렸다. 연한 자존심을 다친 새끼 낙타 무릎에 얼굴을 묻었다.

새로운 새벽, 누군가 바람 소리를 말머리에 새겨둔 마두금을 꺼내 챙챙 활을 긋고 있다. 모래언덕의 능선을 넘어 지평선 끝으로 퍼지는 소리가 태양을 부르리라. 거대한 사구 위로 태양이 솟았다. 오늘도 어미 낙타는 제 몫의 하룻길을 묵묵히 걸어갈 것이다.

〈2022. 베스트에세이10, 최우수상 수상작〉

우에우에테낭고

 바닥이었으리라. 바닥에서 울다 잠들어 버렸을 것이다. 일어나라는 소리에 몸을 일으켜 앉아 멍하니 벽을 바라보았을 젊은 남자. 흔들어 깨운 목소리의 주인공이 누구였는지 두리번거린다. 부축해 앉히고 어깨를 쓸어주며 정신을 깨운 이는 금세 어디로 사라진 걸까. 몇 번은 바닥이 없는 무저갱으로 떨어져 까무룩 정신을 잃었으리라. 그래도 천 길 나락은 아니었나 보다. 그는 바닥을 짚고 비틀거리며 일어섰다. 바닥까지 떨어졌으니 이제 일어설 일만 남은 거다. 그러니 이제 올라갈 일상만 생각하면 좋으련만.
 '일상'이라는 말, 제 뜻처럼 날마다 반복되는 단조로운 생활이라는 말 풀이는 사실 진짜가 아니다. 위장해 놓은 함정들이 시치미를 떼고 민낯을 숨기고 있다. 자칫하다가는 평범한 일상이 위험한 돌기에 부딪혀 잔 조각들로 사방에 부서지기도 한다. 가끔은 깨진 일상 위로 어떻게 해볼 수 없는 아득함이 숨을 조여 오기도 했겠지. 그는 잘 참았구나.

얼마 만인가, 카페 문을 열고 한 발을 세상에 내디딘 것은. 죽을 것 같았던 마음도 허상처럼 느껴졌을까? 그녀의 뼈를 가슴에 묻고 찾아온 곳. 그녀의 체취나 지문이 아직 어딘가에 그대로 묻혀있는 곳이다. 그리움은 무기가 되어 의자 밑에서 선반 위에서 튀어나왔으리라. 공기 속에서 노란 불빛과 엉겨 있는 재즈 음악도 바늘 끝이 되어 귓속으로 입안으로 피부 사이로 뚫고 들어왔을 것이다.

카페 주인은 아무 말이 없다. 왜 오늘은 혼자 왔냐고 묻지 않아주니 고맙기까지 했으리라. 온몸에서 슬픔이 묻어 나오는 그를 애써 기다려준 주인의 배려가 다행스러웠을 것이다. 에티오피아 예가체프 원두를 한 숟가락 분쇄기에 넣고 스위치를 누른다. 드르륵 부서진 가루에서 구수한 향기가 난다.

커피 서버에 드리퍼를 올리고 여과지를 끼운다. 호박 줄기처럼 구부러진 커피 주전자에 뜨거운 물을 담아 여과지 위로 떨어뜨린다. 푸석한 종이가 촉촉해지며 드리퍼에 찰싹 달라붙는다. 커피 가루를 붓고 커피 위로 세 번쯤 뜨거운 물을 돌린다. 이번엔 가루가 봄비 맞은 텃밭처럼 부드러워져야 할 차례다. 그때야 손을 놓고 잠시 숨을 돌린다. 움직이던 것들이 멈출 때 세상일은 갑자기 고요해진다. 부서진 콩알이 묵직하고 깊은 향기로 느리게 올라온다.

너무 깊은 슬픔은 눈물이 되지 못하고 말을 입어 시가 되지 못한다고 했던가. 그의 몸속 저 밑 깊은 곳에 깨진 사금파리로 박혀 있는 그녀가 있다. 그리움이 들숨 날숨으로 드나들 때마다 박힌 자리에서 살을 파먹는다. 빼내고 싶지만, 그 자리에 무엇을 대신 묻어 둘 것을 아직 찾지 못했으리라.

카페 주인은 다시 숨을 참고 드리퍼에 뜨거운 물을 조심스럽게 떨어뜨린다. 그의 심장을 둥글게 쓸어주듯 주전자를 잡은 오른손이 천천히 원을 그린다. 커피 위로 하얀 거품이 일고 조르륵거리는 커피는 너덜거리는 마음을 그 자리에 꿇어앉힌다. 골방 속에서 썩었던 마음의 가장자리에 진한 향기가 스며든다. 그제야 그는 주인장에게 그녀의 죽음을 알린다.

커피 맛은 그대로였다. 열대과일 향이 나고 끝은 신맛으로 마무리하는 예가체프. 향기와 맛으로 가득 찬 커피잔의 기억은 여전하였고 그녀와 나눈 이야기들은 어딘가에 숨어 되풀이되고 있는 것 같았다. 그 순간 조심스럽게 그녀와 그가 그윽하게 포개어진다. 어떤 것들은 형태의 유무를 떠나 추억을 동반할 때 그때부터 생명을 품고 오는 것이지 않던가. 모두 다 살아나서 흔들리기도 하고 뱅글뱅글 춤추기도 한다. 꽃무늬 커피잔과 털실로 짠 받침대와 그녀가 손가락으로 장난을 치던 작은 인형들까지⋯⋯.

갑자기 그녀가 잠들어 있는 봉안당에 가고 싶어졌는지 그녀가 좋아했던 과테말라 우에우에테낭고를 주문한다. 우에-우에-테낭-고-. 커피가 운다.

그날 커피를 안고 봉안당을 향하던 이마 고운 청년이 두 달이 넘도록 보이지 않는다.

직녀의 장지문

 이른 아침, 직녀의 미닫이문을 살며시 두드린다. 저 너머 어머니의 목소리가 누런 치잣 빛이다. 나무 베북 속에 동동 떠 있던 치자 열매가 노랗게 몸을 풀던 그 색깔이다. 누그름한 음색이 삼베처럼 성성하고 느슨하게 퍼진다. 거기에 먹 한 방울 살짝 섞은 나의 심상을 덧입힌다. 지푸라기를 태워 만든 잿물처럼 어머니는 또 땅거미로 그려진다.
 친정집은 시간이 응결해 정지되어 있다. 마을 어귀에서 달팽이 껍데기 따라가듯 골목길을 돌아 들어간다. 굽은 심지 끝에 깊이 파인 마당 안에는 등이 굽은 기와집 한 채가 낡은 기둥으로 버티며 자리하고 있다. 찰칵거리며 도투마리에 한 뼘씩 돌려지던 베짜기가 멈춘 베틀 같다. 서까래 밑 정지문이 햇빛에 바래 희끗희끗하고 뜰방과 디딤돌은 비와 눈이 스며 마당 쪽으로 기울어져 있다. 뒤꼍에는 묵은 장독들이 켜켜이 소금 덩이를 안은 채 검게 웅크리고 있다. 옥잠화가 탐스럽게 폈던 장독대와 담 밑으로 하얀 감꽃이 몸을 부리던 서러움이 벽화처럼 그대로다. 나무 창살이 촘촘히 박힌 여닫이문이 구멍 뚫린 문구멍을 내주며 들숨 날숨 바람을 들인다.

오늘 아침에 내가 보낸 목소리도 뜨거운 바람을 휩쓸며 조붓한 골목을 휘돌아 어머니 품속으로 말려들어 갔을 것이다. 어머니의 안부는 항상 조심스럽다. 총명한 기운이 노쇠하여 다른 세계로 순간 이동을 하시지는 않았는지 가슴 한쪽에 두려움을 숨겨 놓고 있기 때문이다. 직녀의 자식들은 그녀가 매찬 솜씨로 사연들을 간추려 주면 세상의 뻣뻣한 것들이 누그러지는 것에 길들어 있다. 수십 필 세월을 짜놓은 삼베 옷감은 조금도 좀이 슬지 않았다. 오히려 한지로 싸여 깊은 향까지 머금었다.

어린 시절, 세상에서 어머니의 목소리가 제일 크고 우렁찬 줄 알았다. 넓은 마당 긴 빨랫줄에 광목 홑청을 널고 작대기로 두드리시며 코흘리개 아이들의 해찰을 다스리셨다. 한쪽 폐가 무너져 등이 뒤틀어져 버린 아버지의 빈 노동을 채워 내려면 어머니의 솔밋한 다듬이질이 달팽이 집을 건사하는 것이었다. 삼을 쪼개

실을 삼듯 달을 쪼개고 해를 붙여서 꾸리를 만들고 도투마리에 서러움을 감아 내셨다. 끄실개를 놓고 날실을 팽팽하게 잡아당겨 씨실을 이리저리 엮으시며 한숨과 탄식을 녹여 고운 대마포를 짜던 늙으신 직녀다.

작년 여름, 밤늦게 몰래 찾아간 친정집은 고요한 듯했다. 어머니는 달빛을 불빛 삼아 어둑한 마루에서 효자손을 두드리시며 흥얼거리고 계셨다. 평생 막걸리 한잔 드시는 모습을 못 봤으니 아시는 노래란 예배당에서 부른 찬송가뿐이다. 거룩한 성가는 느려지고 슬퍼져 아리랑 고개를 서럽게 넘어가고 있었다. '견우를 잃고 혼자 친정집을 지키시며 저렇게 외로움을 달래셨구나.' 생각하니 흙담 하얀 박꽃과 흰 달이 뿌윰하게 흐려져 버렸다. 허둥허둥 흐릿한 골목길을 되돌아오면서 가슴이 당목에 크게 얻어맞은 듯했다.

"휴가는 안 가냐?"

"느그 오래비랑 언니들은 외국 어디를 간다고 하더라마는."

"편하게 살라고 대학꺼정 갈쳐 놨더만 이 더운 날에 니가 질로 고생이여."

먹고 사는 일에 쫓겨 평일 휴가를 챙겨 본 적 없는 내 신세가 살짝 서러워지는 것이 어머니 앞에서 어리광이 돋았다.

"어느 구름에 소나기 숨어 있을지 모른게 쉬엄쉬엄 살아라!"

"허기사 새끼들 손에 돈 한 푼 줄려고 아등바등할 때가 좋은 때더라잉!"

"그게 다 사는 재미여!"

기름 장사로 베 장사로 객지의 장바닥을 헤매신 어머니는 몇 닢씩 우리들 손에 쥐어 주실 때 정말 그것이 다 재미였을까? 목화를 싣고 달빛을 받으며 아버지랑 십 리 길을 걸으셨다는 그 흙길이, 면실로 광목을 짜고 삼베길쌈으로 밤을 새우셨던 날들이 다 행복하셨을까. 청심환을 끼고 사시는 것을 보면 심살내리는 잔소리 뒤로 뛰는 심장을 숨겨 놓으셨고 높은 고함에 울렁증을 숨기셨던 게 분명하다.

다음 주말에 도림사 계곡으로 발이나 담그러 가자는 말에 "다 귀찮다."시며 반어를 내지르신다. 치자 빛 목소리 틈새로 서운함을 넘어 허망의 서벅돌이 내게 살짝 기우는 것을 감지한다. 한창 인생의 베틀에서 황포를 짜고 있는 나는 촘촘한 바디틈으로 회한의 올 하나를 힘겹게 뽑아낸다. 그리고 물큰하게 번져 오는 붉은 치자를 또 하나 얻어 마음속 살강에 얹어 놓는다.

올여름, 직녀의 휴가는 물 건너가는 것일까? 늦은 저녁, 노란 점 하나가 손전화기에 뜨는 걸 보니 여닫이 창호지에 마른 꽃잎을 붙여 둔 직녀는 계곡물에 묵힌 세월을 시원하게 빨래할 수 있겠다. 나는 새물내 나는 어머니를 볼 수 있겠다.

〈2015. 전북여성백일장 수상작〉

여우바위

　당신은 지금 먼 곳에서 흰 편지를 쓰고 계시는가. 그 편지 끝에 융이란 이름을 새기고 있으신가. 고향은 지금 목쉰 산비둘기 울음소리가 낮을 채우고 있다.

　한쪽 어깨가 내려앉고 절룩거리며 걸었던 남자, 여식이 동네 총각들에게 흠모의 대상이어서 부모의 애간장이 녹을 때도 설마 융만은 아니라 믿었다. 경중경중한 사슴 무리에서 하필 뿔이 꺾인 수사슴에게 더 마음이 쓰였던 것은 그녀의 타고난 착한 성정 때문이었을지도 모른다. 빨래를 이고 골목 어귀에 들어서면 공깃돌을 던져 수줍은 봉홧불을 피우던 순박한 사내였다.

　여우바위 아래 깨진 기왓장 밑은 서툰 밀어가 숨어있는 곳이었다. 아무도 모르게 자주 흰 편지가 숨어있던 우체통. 애써 누르고 있던 심장의 연기가 새어 나갈까 몰래 편지를 깊은 쌀독에 감추었다. "이것아, 첫 정분은 평생 가는 거여. 인연이 아닌게 애초에 시작을 하지 말아라." 속을 끓이며 말리는 어머니. 어른들의 가시철벽에 마음의 일은 마음에서 끝나버리고 융은 마을을 떠났다. 그날, 여우바위 밑 빈 기왓장 속을 부질없이 더듬었다.

그러던 어느 날 시장 어귀에서 융을 만났다. 신수가 훤해졌다는 소문은 들었지만, 같은 서울 하늘 아래서 다시 만난 것은 운명 같았다. 지난날과 지금의 얘기를 풀어 보았지만, 할 수 있는 것은 아무것도 없었다. "너를 잃고 내가 찍힌 사진 속에는 웃음이 없다." 융의 나지막한 말에 가슴이 철렁했다. 사는 동안 가끔은 수천 개의 말들이 가슴에서 넘실거렸지만 '절망뿐이었다.'라는 고백에 나는 왜 다행스러웠을까. 막힌 듯 뚫린 듯 또 수십 년이 흘렀다. 융과 맺어졌다면 그녀는 행복했을까.

융의 부고를 듣고 그녀가 친정에 왔다. 오랜 투병 끝에 세상을 떠났는데 찾아가 보지 않았다고 자책하였다. 이제는 옛사랑의 연정이 아닌 고향 지인의 인정으로라도 마지막 발걸음은 괜찮았을 텐데. 그녀는 드디어 온전한 상실을 이루었다. 이제 그들의 길은 머리를 잃고 꿈으로만 떠오르라. 여우바위의 이마를 짚고 앉은 그녀는 허릿심을 잃었지만 열여덟 처녀가 설레던 흰 편지의 자리는 여전히 변함없다. 옛날 옛적에 여우가 공중제비를 돌며 밤마다 울었다는 여우바위, 여우바위 속으로 전설이 또 하나 숨어든다.

산비둘기가 전설을 듣다 목이 메는지 한낮이 서럽게 조용하다.

내력

　포도나무가 있는 윤 할머니 집에서 추도예배를 드리는 날, 떼어 놓고 갈까 봐 엄마의 포대기 자락을 단단히 쥐었다. 대나무 얼개 밑으로 뽀얗게 분이 오른 포도송이를 구경할 기회를 놓칠 수는 없었다. 어른들이 예배를 드리는 동안 작두샘 옆 포도나무 곁을 슬슬 맴돌았다. '왜 먹음직스러운 이 포도를 아무도 따먹지 않을까?' 포도 넌출이 비스듬히 틀어 올라간 시렁, '어쩌면 여기는 포도알을 따먹는 날에 죽는 에덴동산일지도 모른다.' 동그란 보랏빛 포도알은 젖이 불은 엄마 젖꼭지 같았다. 마루 위 치마폭에 싸인 세 살 먹은 막내는 엄마의 포도알을 입에 물고 뺏지 않았다. 그러자 단내 풍기는 포도를 올려다본 아이도 꾹 참았던 침이 꼴깍 넘어갔다.

동네에서 유일하게 포도나무를 키우는 기와집, 한복을 정갈하게 입고 새벽마다 주일마다 종을 치는 윤 할머니는 세상과 어울리지 않았다. 왜소했지만 목소리가 우렁찼고 성직자로 두 자녀를 두신 분이셨다. 일찍 혼자되시고 교회 종지기를 자처하셨다. 종을 흔드는 끈을 붙잡고 발을 굴리며 중얼중얼, 종소리는 할머니의 기도 소리와 함께 골목으로 퍼져나갔다. 뎅그렁, 바람을 타고 종탑 끝에서 부서진 뇌성은 들녘의 나락을 키우고 벌레를 깨우며 구름 속 종달새를 부추겼다.

호기심이 일었다. 할머니를 졸라서 끈을 잡으니 도리질 치는 종의 무게가 내 어린 몸을 쑥 잡아당겼다. 겁에 질린 채 훅 올라가는 내 몸을 통과했던 천둥소리, 끈을 잡고 허공을 올랐다 내렸다 하며 할머니처럼 기도를 했다. 공기를 가르며 들을 지나 섬진강을 따라갔던 할머니의 종소리를 나도 따라갔다. 정해진 시간마다 드리는 할머니의 타종 예식, 어쩌면 할머니는 "천지간에 나만큼 서러운 사람이 있겠느냐."며 하늘을 향해 종을 두드려 하소연한 것이리라.

마을 제일 높은 동산에서 울려 퍼진 종소리는 촌부의 무지를 깨우기도 하고 아이들을 불러모아 가르치기도 했다. 때로는 잠밭들에서 코를 박고 일하는 농부들의 시계가 되기도 했다. 캄캄하도록 들일을 하다가 초종 소리가 울리면 마을 사람들은 일손을 놓고 집으로 향했고 따뜻한 저녁을 차려 놓고 하루의 피곤을 풀었다. 동쪽 산에서 솟은 해가 서쪽으로 넘어가는 하루 동안 종소리는 잠밭들에서 자고 머물렀다. 종소리가 들리는 곳까지가 잠밭 땅이다. 종소리는 여명을 불러들이고 붉은 노을을 짊어지고 왔다. 봄이면 종소리를 따라 봄볕이 황금빛을 뿌렸다. 하얀 눈이 내리는 성탄절 새벽에는 종소리에 평화가 실려 고샅에 쌓였다.

일제 말 일본 헌병을 피해 마루 밑에 파묻어 두었던 동종을 꺼내 다시 달았던 해방의 날, 예배당을 다니던 사람들이 모두 만세를 외쳤다는 자유의 상징. 개발의 바람이 불 때 찾아온 은밀한 회유, '높은 값을 쳐줄 테니 동종을 팔라.'고 조르던 골동품 상인들의 유혹을 물리친 결단이 서린 신앙의 성물. 그것은 끝내 종각의 꼭대기에서 내려오지 않고 안으로 안으로 속가슴을 때려가며 누군가의 기도를 금빛 나도록 새긴 하늘에 핀 나팔꽃이었다. 이제는 백년의 기독 유물로 지정되어 꼭대기에서 내려와 예배당 마당에서 쉬고 있다.

포도를 하얀 접시에 담아 마루에 앉았다. 포도송이 안에 할머니의 종소리가 탱글탱글 박혔다. 씨를 발라내느라 오물오물 입속에서 포도알을 뭉개는데 변함없이 새콤달콤하다. 할머니는 잘 익은 포도를 외손주 며느리인 내게 따 주셨다. '윤 할머니'는 남편의 외할머니니 나도 외할머니라 불렀다. 대목장이셨던 외할아버지가 심으신 포도나무도 많이 늙었다. 외갓집은 여전히 삐걱대는 마루 송판 하나 없이 손수 지으신 기와집에 대목의 꼼꼼함이 곳곳에 서려 있다. 외할머니는 그것이 늘 자랑스러우셨다. 맏딸이 한동네 청년을 만나 결혼을 하고 외손주가 또 한동네 처녀를 만나 결혼을 했다. "한마을 혼사는 삼대가 덕을 쌓아야 된다."라며 대를 이어 아들이 동네 처녀에게 장가를 간 것은 엄청난 일이라고 기뻐하셨던 시아버지는 '처갓집은 멀수록 좋다.'는 말을 어찌 생각하실까.

 첫아들을 낳고 아직 삼칠일이 지나지 않았다. 지팡이 소리가 마당 안으로 들어왔다. 밤새 한숨 못 자고 아기를 달래고 겨우 잠이 들었는데 누가 오시는 걸까. 외할머니가 몰래 산방을 방문하셨다. 시어머니가 말리셨지만 한마을에서 증손자가 태어났다는데 아이가 보고 싶어 더 이상 참을 수 없으셨으리라. 차갑고 거친 손으로 기저귀를 젖히고 아이의 사타구니를 보셨다. 아이를 안아 올리는데 아이도 울고 할머니도 눈에 눈물이 맺히셨다. 아들 손이 귀한 집안에 첫손자를 낳았으니 할머니도 반갑고 귀한 아기였으리라. 할머니가 쌈짓돈이 든 하얀 봉투를 내 이불 속으로 슬며시 넣어주셨다. 그리고 굽은 등을 이끄는 지팡이 소리는 조용히 마당 밖으로 사라졌다.

어느 새벽 무람없이 포도나무집을 쳐들어온 전언은 '주의 종'으로 서원했던 맏아들의 사망 소식이었다. 황망한 소식은 할머니의 모든 기력을 뺏어 갔다. 평생을 두고 종을 치며 올렸던 기도는 도대체 어느 아수라를 돌아 할머니께 되돌아온 것일까. "이래도 니가 나를 사랑하느냐?"란 물음의 대상이 왜 하필 종지기 할머니야 했을까. 아들을 묻고 흙 담벼락을 짚고 긴 골목을 걸어 들어가신 후 자리에 누워 버리신 할머니는 함부로 눈물을 보이지 않았다. 할머니는 그 일을 우리 앞에서 더는 입에 올리지 않으셨다. 아마 아무도 모르게 골방에 엎드려 눈물로 끝없이 하늘의 뜻을 헤아렸을 것이고 결국 모든 것을 당신의 탓으로 돌리셨으리라.

포도나무집 할머니가 아들 곁으로 가신 지 십 년이 넘었다. 치마폭에 종소리를 곱게 싸서 아쉬움 없이 떠나셨다. 잠밭을 울리던 종소리는 이제 기억에서만 울린다. 제일 실한 포도송이를 골라 내게 따 주시던 할머니의 부재. 사람은 누구나 인생에 한 번은 아름다운 종소리를 낸다고 하는데 단단한 무쇠 방망이로 온 삶을 울린 할머니의 맑은 종소리가 이제야 가슴에서 울린다. 시어머니는 밤마다 무릎을 꿇으시고 손부인 나는 밤마다 무언가를 끄적거린다. 누구나 인생의 내력이 다르니 필연적으로 기억되는 이야기도 다르다. 잠밭 예배당에는 종의 내력이 동판에 새겨져 있다. 그렇다면 평생 그 종을 두드렸던 종지기 할머니의 잊혀진 내력도 누군가 새겨야 하리라. 가끔은 '쓰는 자'의 사명감을 잊지 않는다.

목어 아래 피는 꽃

화암사 가는 길, 물길과 사람 길이 나란히 정답다. 봄에 피는 얼레지나 볼까 하여 나선 길, 아직 때가 이른가 보다. 불심 깊은 골짜기에는 꽃 대신 나지막한 돌탑들이 돋아있다. 오르내리며 한 두 개 올린 것 위에 누군가 자신의 소원을 슬며시 얹어 놓았을까, 돌탑들은 소원을 숨긴 채 수줍게 쌓여있다. 깊고 외진 산 문 앞 돌무더기 그림자 안에 웅숭깊은 마음이 가득하다.

마음이 아파서도 특별히 빌 것이 있어서 온 건 아니다. 그러나 산사는 스스로를 부감시키는 마력이 있다. 머리끝에서 발끝까지 마음의 조망이 옮겨지고 자신의 짊어진 짐의 내력을 살핀다. 발걸음부터 무게를 가늠할 수 있다. 터진 살갗으로 키가 자란 참나무와 속세의 먼지를 터는 산죽이 일주문을 대신하는 길목, 나무들이 봄물을 머금어서 굼실굼실 움마다 열망으로 도드라져 있다. 산길을 다 오르니 심연의 충돌들이 기운을 잃고 숨을 고른다. 적묵당에 앉아 풍경소리를 듣고 있으니 헝클어진 마음결이 제자리를 찾는다.

 우화루 나무창으로 들어온 봄바람이 아직은 차갑다. 반듯한 사각 천장에 파란 하늘이 팽팽하다. 이곳을 몇 번이나 왔을까, 마음은 너무나 여리고 예민하여 사각 마당에 지는 그림자에서 비켜간 세월을 읽는다.

 명승지 산사에는 크고 화려한 어고도 많은데 화암사 목어는 작고 소박하다. 비늘도 벗겨지고 색도 휘발되어 산산이 부서진 목어 한 마리. 지난겨울에는 백석의 명태처럼 꽁꽁 얼었다가 꼬리에 기다란 고드름도 달렸겠다. 서럽게 차갑고 파리한 목어는 여전히 처마 밑 쇠고리에 묶여 속을 비운다. 제 속을 파내고 바람과 햇볕과 시간을 끌어 담았다. 그것들이 엉겨 붙은 뜨거운 속을 나무 방망이로 두드려가며 첩첩산중에서 아직도 예불 중이다. 제 가슴을 울려 바다짐승들을 깨우는 소리는 계곡물 따라 강물 따라 어느 바다로 가는 것일까. 그리고 보니 목어의 꿈을 싣고 가는 물길을 따라 사람들은 거꾸로 거슬러 왔다.

 30년 만이다. 거슬러 온 시간을 나는 놓아버렸던가 아니면 놓쳤던가. 다시 공부를 시작했다. 무슨 바람이 내 속에서 일어 이런 짓을 도모했는지 거슬러 온 나의 물길을 내려다본다. 이제 와 또 학인이 되겠다는 나의 의지의 원인이 어디서부터 불어왔는지 생각했다. 철 지난 외투의 구멍 난 주머니처럼 의미 있던 것들을 자꾸 흘려버려서 이제 와 꿰매보겠다는 우격다짐인지도 모른다. "다 늙어서 웬 공부냐?"며 제대로 늦바람난 욕망이라고 친정 언니는 지청구했다. 그러나 누가 뭐래도 새롭게 배운다는 것은 흥분되는 것이다. 반들거리는 전공 서적을 나도 모르게 쓰다듬었다. 어쩌면 이런 떨림이, 두근거림이 남은 시간을 꽃 피우게 할지도 모른다. 파냈던 살 한 점을 되찾은 듯하다.

자신의 꿈을 파내고 비우면서 마르고 비틀린 목어의 시간을 지나 배움의 열망으로 발갛게 달아오른 나이 든 문우들이 스쳐 갔다. 내세울 것 없고 누구와도 다를 바 없는 평범한 삶이었다. 옹골진 불구 하나에 의지하며 두두둥 소리를 울리며 살아 나온 그들은 한결같이 따스하다. 파낸 속살들로 먹이고 키운 아들딸들은 하나둘씩 자기의 물길을 따라 헤엄쳐 갔다. 사각 천장에 갇혀 극락전 햇볕이 그어놓은 그늘의 금을 세어갔던 목어의 시간은 어느 바다에서 헤엄치고 있을까. 목어의 불경을 듣고 자란 산 아래 나무와 꽃들과 들짐승과 물고기를 생각했다. 눈과 비에 젖고 얼어

해쓱하게 늙었지만 못생긴 목어는 그래서 더 우직하다. 외갓집 같은 산사 마당에 따스한 볕이 노랗다. 내려가는 산길 어딘가에 숨어 있을 꽃을 볼 수 있다면 좋으련만.

돌 위에 돌을, 마음 위에 마음 하나를 얹지 않고 사붓사붓 산길을 내려왔다. 돌이 자란 곳, 아니 마음이 쌓인 계곡 길을 내려오며 하심下心이니 무소유니 하는 말들을 곱씹었다. 오늘도 우화루 밑에 걸린 목어는 깨끗이 속을 비워 바람과 볕에 제 빛깔을 내주지 않던가. 어차피 마음 비우기는 애당초 과분한 하문으로 남기고 산 밑을 향하여 걸음을 재촉하였다.

새로 난 철 계단을 뒤로하고 옛길로 내려섰다. 절벽 아래 너덜겅 바위 옆을 지나는 순간, 드디어 보랏빛 치맛자락을 사뿐히 들어 올린 꽃 한 송이가 보였다. 햇볕이 잘 들어 포실한 흙속에서 뽀얀 속살 내보이고 매초롬하게 고개 숙이고 있었다. 분명 목어가 목 터지게 불러낸 꽃이리라. 그래서 화암사 기슭에는 우직한 목어 옆에 역마살 낀 얼레지가 그리도 많았나 보다. 이제 목어 꼬리에 제 몸을 묶어두려는 발칙한 보랏빛들이 와앙 일어나겠지.

화암사 목어 아래 앙큼한 얼레지가 피었다. 그것이 제대로 바람났다는 풍문이 벌써 저잣거리에 파다할 것이다.

조율의 시간

 이제부터는 혼자가 아닐 거라는 예측은 맞았다. 걷는 내내 보이는 모든 것들이 말을 건다. 마음 안으로 사방의 것들이 밀쳐 들어와 기다렸다는 듯이 쏟아내는 물음들. 그러나 나의 대답은 무겁다. 시선을 산 쪽으로 옮긴다.
 둑 넘어 학산에 왜가리들이 하얗게 앉았다. 쉰목소리로 온 산이 시끄럽다. 찢어진 날개로 하늘을 나는 왜가리를 몇 년 전에 발견했는데, 오늘도 머리 위를 날며 안부를 묻는다. 떨어져 나간 깃털을 찾지도 못한 채 너덜대는 날개로 먹고사느라 저도 힘들었을 테지. 잃어버린 날개 때문에 손가락질받고 상한 자존심이 얼마나 아렸을까. 새끼들은 잘 키워냈을지 궁금증이 인다. 두 다리에 힘을 주고 유유히 날고 있는 것을 고개 젖혀 한동안 바라봐 줌으로 나는 의리를 지킨다.

물속에 발을 담그고 가만히 바라보고 있는 백로는 자신의 일기를 다시 쓰는지 자못 심각하다. 자책 중일지도 모른다는 생각이 들었다. 매일 일기를 쓰면서 자신을 꾸짖는 일이 버릇일 테니 그만하면 괜찮다고 토닥여 주고 싶다. 혼자 궁리 중인 백로에 내 모습이 투사되어 짠한 마음이 인다. 외골수처럼 친구들과도 어울리지 못하고 혼자 개울가 수풀에 싸여있는 것은 타고난 성정 탓이리라.

곁에 있었던 친구들은 지금 어디에 있을까. 일 끝나고 갈 데라곤 결국 집밖에 없다는 건 서글픈 일이다. 전화부를 뒤져봐도 상대방의 처지와 상황이 짐작돼 버튼 누르기를 그만둔다. 그런 날이 쌓이고 내 사정이 더 각박해졌을 때 찾는 곳이 세냇가 둑길이다. 마음에 공기가 통하지 않을 때 옆구리에 바람을 쐬어 길을 터준다. 환한 햇볕 아래 온몸을 맡기고 터덜터덜 걷는 일은 나를 치유한다. 봄마다 벚꽃과 싸리꽃과 개나리가 엉클어진 긴 풀숲을 마주하는 일은 행운이다. 둑길에 쑥이 나고 연보라 까치꽃이 핀다. 여름밤에는 반딧불도 잡을 수 있는 도심 속 청정원이다. 똥딴지 노란 꽃잎이 흔들리는 초가을 아침의 청량한 공기는 덤이다.

둑길에서는 일곱 난쟁이가 살 것 같은 작은 카페를 만날 수 있다. 카페 이름은 '시집', 그 자체로 시가 되는 집이다. 손가락처럼 뻗어 올라간 담쟁이덩굴이 추상화처럼 그려진 카페는 시집이 즐비하며 재즈가 안개처럼 흐른다. 넓은 창문으로 사람과 꽃과 물비늘이 한눈에 들어 금세 한 편의 서정시로 환원된다. 창가 쪽은 투명한 유리잔 테두리에 앉은 햇볕을 손가락으로 돌리며 마음을 위무하기 좋은 곳이다.

이어폰에서 울리는 '몰도바'의 바이올린 활 소리에 맞춰 왜가리의 날개가 냇가 수면을 긋는다. 바이올린 뒤로 차르르- 탁 멈추는 탬버린 소리에 우주 전체의 외로움을 터는 듯 청둥오리가 몸을 떤다. 달빛 받으며 걷는 밤길에서 「월광」이라도 흘러나오면 걸음은 멈춰야 한다. 구겨져 있는 슬픔이라도 삭일 양이면 쇼팽의 곡을 챙겨 길을 나선다. 구슬픈 음색으로 심연의 바닥을 휘젓는 소리는 한숨과 뒤엉켜 구르다가 풀숲으로 사라진다.

저물녘 냇가 벤치에 앉아 바람을 맞으며 노을을 바라보는 일은 안식이다. 거기서 "오늘 하루도 수고하셨습니다."라는 라디오 속 남자의 멘트는 따뜻한 품속의 온도다. 길 위에 그가 전한 사람 사는 이야기들은 모두 정답다. 설움을 다독여 준 음악과 살아있는 목숨 붙이들은 세냇가 길에서 사계절 내내 공생한다.

오늘은 벚꽃 몽오리가 튀밥처럼 열린 오솔길 옆에서 까무륵,

머리를 물속으로 처박고 자맥질하는 오리의 물갈퀴를 구경한다. 가볍게 떠보려고 얼마나 발헤엄을 쳤을까. 징검다리 위로 소년들이 앉아 낚시하고 광장에서는 사람들이 모여 춤을 춘다. 들짐승들이 어우러진 천변에 사람들이 모여 같이 흐르고 달리며 걷는다. 손깍지 끼고 천천히 걷는 연인과 유모차에 앉아 방글거리는 아이와 엄마가 있다. 이상하게도 여기서는 허리 굽은 사람들이 제일 씩씩하다. 매일 비슷한 시간에 마주치는 이들에게는 이 무슨 야릇한 동료애란 말인가.

저기 앞쪽에서 기우뚱거리는 두 부부가 요즘 계속 내 눈에 들어온다. 지팡이에 한쪽 팔을 의지한 채 뻣뻣한 다리를 끌며 힘들게 걷고 있다. 그 보폭으로 아내는 반대편 팔을 붙잡고 남편을 이끈다. 내가 원점회귀를 하고 와도 그들은 여전히 서로를 의지한 채 천천히 길을 걷고 있다. 봄이라 옷이 좀 가벼워져서 다행이다. 병환과 단단한 결투를 하는 듯 그들의 표정은 진지하다. 혹여 층 얇은 동정은 금물이다. 한결같이 그 시간에 나와 땀을 흘리며 걸음을 연습하는 부부, 필사적이고 직접적인 생의 모습에 명치 끝이 저릿하다. 부부의 기우뚱거리는 걸음에 나는 응원을 보낸다.

온몸으로 달려들어 사람을 껴안는 계절, 식물과 새들과 곤충이 어우러지는 냇가 옆에 사는 것은 축복이다. 사방에 지천인 들꽃의 이름은 하나같이 순박하다. 애기똥풀쯤이야 마음껏 불러줄 수 있다. "우리도 모르는 저런 것이 인간의 마을에서 글을 쓴다."라는 손가락질은 면할 수 있다. 제비꽃을 알거나 모르거나 봄은 오가고, 기다리는 소식은 없고 명자 꽃봉오리만 핀다는 시어들이 돋아나는 세냇가 정원, 시로 둔갑한 자연은 봄맞이 연회장에 사람들을 초대하기 시작한다.

 벚꽃 엔딩, 머리 들어 보는 꽃은 십일홍이라도 키 낮은 꽃들은 여름까지다. 천변의 꽃길은 이제 시작이다. 더 머리를 숙이고 풀꽃과 눈 맞출 일이다. 오체투지로 들꽃과 눈 맞추려는 낮은 마음을 챙겨야 한다. 세상사는 일 혼자일 때가 더 많다는 사실이 외롭고, 때때로 돈이 무섭고, 나만의 독락당이 필요할 때 세냇가 갈대숲에 몸을 숨긴다. 머리카락 보일까 꼭꼭 숨는다.

 돌아오는 길은 언제나 노루귀꽃 솜털처럼 마음이 가볍다.

'나순개' 아리랑

　핼쑥한 얼굴로 친정집을 갔다. 삼신할머니와 모질게 틀어진 딸들은 슬픔의 끈을 질질 끌고 본능적으로 어머니를 찾는다. 세상 밖으로 퉁겨질지 모른다는 두려움 때문에 어머니의 품속으로 필사적으로 파고드는 구심력이 발동했다. 봄볕이 따사로웠다. 찬란한 햇빛을 주저 없이 빈속에 넣고 싶었다. 어머니를 졸라 소쿠리를 들고 마을 뒤 진등밭을 올라갔다.

　이 길은 겨울나기 나무를 하러 가는 어머니를 따라나섰던 길이다. 방죽 근처에서 하늘을 보고 있느라 해찰하는 나의 이름을 풀숲 뒤에서 불러주셨던 것 같다. 그것으로 산의 무서움을 덜어주셨던 어린 날이 떠올랐다. 오랜만에 와보는 마을 뒷산이다. 소나무가 빼곡했고 그 사이로 터널처럼 오솔길이 기다랗게 휜 다리를 뻗고 있다. 그길로 마을의 아낙들은 삭정이를 이어 나르고 아재들은 거름을 지게에 지고 걸어 올랐었다.

 봄나물을 캐려면 오솔길을 벗어나야 한다. 봉긋한 무덤들이 볼록볼록 솟은 산비탈을 지나면 손바닥만한 밭뙈기들이 이지러진 달처럼 부드럽게 굽어있다. 밭두렁에는 마른 억새와 수크령이 수북했고 벌써 흑염소들이 봄풀을 뜯고 있다. 버슬거리는 밭머리에 이르자 발이 푹푹 빠졌다. 흙이 얼고 녹고 하는 사이 단단했던 땅심이 느슨해졌는지 밭길은 노곤하게 풀려 있었다.

 땅이 얼고 녹는 사이 봄풀들이 마실을 나왔다. 봄볕이 좋아 옴폭옴폭 나순개가 자리를 잡고 있었다. 손가락으로 여린 잎을 잡고 쏙 뽑아 올렸다. 코끝에 뿌리를 대보았다. 고소하고 들큼한 젖 냄새라니…. 그 향기에 가난한 나의 혈액이 모여들었다. 겨우내 흘러서 비쩍 마른 내 혈관이 쭈뼛거리며 일어서더니 주눅 들어 있던 모세혈관까지 흔들어 깨웠다. 좀 더 큰 나순개를 힘주어 당겨보았다. 뿌리 끝의 저항이 단단했다.

 바람 찬 혹독한 추위를 견디고 일어난 목숨붙이들. 흔들리면서도 중심을 붙잡고 있는 저 풀들은 발끝에 얼마나 많은 힘을 주고 있을까. 땅속에 있을 때는 몰랐는데 뽑혀 나온 뿌리는 맹렬하게 향내를 뿜어댔다. 실패가 독이 되고 버림이 독이 되었던 나에게 나순개의 꼬순내가 단단한 틈을 파고들어 와 해독을 하기 시작했다. 얼었던 심장이 풀리고 기지개를 켰다. 몸속으로 봄의 흙냄새가 끌려 들어와 마음의 응달에 볕이 들었다. 한 줌의 빛 오라기를 그 속에서 추슬러내면 그다음의 시간을 거뜬히 들 수 있으리라 생각했다.

어머니는 엷게 된장을 풀고 무를 삐져 넣어 시원한 나순개국을 끓여 내셨다. 허여멀건 얼굴이었지만 미역국을 먹는다는 것. 감히 고깃덩이가 둥둥 뜬 미역국을 바랄 수는 없는 일이었다. 몸 안에 그은 상처를 몸 밖에서 싸매느라 저리 분주하신 어머니의 굽은 등에 고개가 숙여졌다. 싸매주려고 속치마 자락을 찢고 있는 어머니 앞에서 나는 몸이 옆으로 자꾸 넘어지는 것을 꼿꼿하게 세워야 했다. 작은 상 위에 올라와 있는 냉잇국에 숟가락을 담그며 겨울을 품고 봄을 달려온 기특함에 힘을 내야 했다. 쫑쫑 다진 달래장과 파래김이 도망간 입맛을 불러왔다. 씻은 묵은지에 참기름을 넣고 개운하게 무쳐낸 것을 좋아했던 나의 입맛을 기억해내신 어머니의 자상함이 소박하게 차려져 있었다.

하얀 냉이꽃 같은 눈물이 떨어질지 몰라 나는 밥을 꾹꾹 말아 허기진 심장에 퍼 넣었다. 국 대접 밑바닥이 하얗게 드러나도록 싹싹 긁어먹었다. 산다는 것이 때로는 지독하게 아프다는 것을 깨닫는 순간이었다.

　가난한 어미를 찾아온 아이에게 내 밥을 내주지 못한 회한은 어디로 갔을까. 빈 국그릇 속, 거기에 뻔뻔한 내가 있었다. 순간순간 몸 밭이 얼었다 녹았다 하는 내가 가여워 어머니는 아랫목에 나를 앉혀 봄볕 같은 저녁상을 차려내 주셨다. 딸의 아픔을 어머니는 말없이 같이 앓으셨을 것이다. 긴 겨울을 이기고 돌아온 봄나물들을 들여와 시들고 멍든 마음에 생기를 넣어주고 싶으셨으리라.

　목울대를 넘긴 음식들이 꼬였던 속을 풀어주었다. 음식이란 몸이 아니라 마음이 먼저 먹는 것이었다. 구수한 숭늉을 퍼주시며 자꾸자꾸 많이 먹으라고 하셨다. 먹어야 힘이 난다고 하셨다. 숟가락을 내려놓을 때까지 남은 새끼들을 키워내려면 그해의 봄을 억지로라도 다 삼켜야 한다고 하셨다. 어머니의 냉잇국은 내 얼어붙은 봄 위에 김을 올리며 안으로 안으로 스며들었다.

---

* 나순개– 냉이의 방언

2부

몽심재 유감有感 | 마고 | 운명애愛
꽃 자수 인연 | 풀무 | 두 시인
목기 | 쑥돌 | 어떤 하루 | 삶의 한가운데

몽심재 유감有感

여인의 어깨 위로 첫 햇살이 고인다. 옷고름을 여미고 손바닥에 기름을 부어 하얀 가르마를 매만지는 가녀린 손가락. 단장을 마친 후 치맛자락을 잡고 이내 나무 계단을 오르는 외씨버선이 하얗다. 안채 동쪽 날개채 외단이 띠살문을 활짝 여니 환한 다락방이다. 난간 없는 작은 마루로 위태롭게 떠 있지만 까치발 버팀목은 단단하다. 다락 띠살 창문을 동시에 열면 박공지붕 팔자 눈썹 아래로 눈을 번쩍 뜨는 안채다. 다락마루를 조심히 딛는 그녀의 흰 버선 코가 날아갈 듯 사뿐하다. 찬모 여종이 고사리와 산나물을 말리고 떡과 전을 만들어 식혔던 마루는 가문을 따라 내려온 마른 걸레질로 반질거린다. 꽁꽁 숨겨 둔 안채 옆으로 여인들의 숨통을 틔워 주는 이곳은 갓 시집온 몽심재 며느리의 안식처다.

사랑채 너머로 비늘이 누런 노송들이 용틀임을 한다. 내려다본 기와지붕 위로 바람이 날아든다. 갑자기 생각이 많아진 걸까? 시어머니의 눈을 피해 조용히 올랐을 며느리의 눈길이 아미산 솔숲을 지나 홈실을 돌아 까마득한 친정을 더듬는다. 어머니는 건강하신지, 동생들은 잘 있는지 신행 가마 안에서 썼던 명주 수건을 저고리 끝에서 꺼내 든다. 저 들을 지나 산 넘어 고향 마당에도 가을이 익어 올망졸망 소국이 피었으리라. 그녀의 상념은 날개를 달고 자신을 데려 온 가마꾼의 꽁무니를 따라 태 자리를 찾아간다. 간밤에 살짝 다녀간 신랑의 위로에 지엄한 시집살이가 녹긴 했지만 엉겨 붙는 그리움까지는 어쩌지 못했다.

안채 마루 앞 사각 물확에 맑은 물이 고였다. 몽심재의 오래된 거울이다. 둥그렇게 판 석돌 모서리에 빨간 고추잠자리가 앉았다. 여름 내내 사랑채 정원에서 떠온 붉은 연꽃이 피어 있었다. 오늘은 돌확 안에 구름이 들었다. 말간 물빛에 파란 하늘이 울렁이니 흰 구름이 나비처럼 후루루 날아갔다. 가만히 들여다본 돌확 속에 그녀가 있는가 싶더니 어머니가 계신다. 왈칵, 그리운 마음이 물 위를 스치는 순간 까르르 여종들의 웃음소리가 동그란 파문을 일으킨다.

서쪽 부엌 모퉁이에는 접은 손바닥 같은 숨겨진 툇마루가 있다. 잘 닦여 정갈한 마루, 처마 밑으로 떨어지는 비를 맞고 부엌일을 하는 어멈들을 위해 특별히 들인 마루다. 여종들을 배려한 시부모님의 속다짐이 마루 위에 물씬 배어있다. 가을 오후 떠나기 싫은 해가 딴전을 피운 곳이라 땅거미가 내린 뒤에도 마루는 고택에서 제일 따뜻하다. 저녁마다 설거지를 마친 여종들 수다가 마루 밑으로 들깨처럼 우수수 떨어진 비밀의 장소다. 마루에 양손을 내리고 얌전히 걸터앉은 며느리의 꽃신이 동당동당 그네를 탄다. 쓸쓸함이 발끝으로 내려와 당혜의 코끝 연꽃무늬에 붉게 맺혔다.

 과거를 보는 선비들이 시도 때도 없이 수지천 은어 떼들처럼 몰려왔다. 과거 급제자가 대대로 배출된 명문가에 인심 좋고 장맛이 유별하다는 소문이 자자한 탓이다. 과객이 머물다 가는 죽산 박씨 몽심재는 손대접이 끊일 날이 없다. 사랑채에 모인 선비들의 담론은 시끄러운 세상 한담으로 뜨겁다. 그러나 도연명과 백이 숙제가 그랬듯이 꿈을 꾸는 한적한 마음으로 세속적인 이익과는 멀리 떨어져 있다. 세속과 멀어지라는 선대의 유언이 당호에 하얗게 서려 있다. 한담이 끝난 선비들에게 곡주를 더 들이라는 명이 마당 아범에게 떨어지면 안채 부엌에서 부산하게 두부를 썰고 나물을 무쳤다. 댓돌 위로 어스름이 짙게 쌓였다. 가막마루 밑 가지런한 꽃신 옆 흐트러진 새신랑 가죽신에 설렘이 고였다.

뒤란은 채마 밭으로 한 마지기는 족히 넘는다. 장독대에 그득그득 장을 담았던 전독 항아리가 옹기종기 서 있다. 문객들의 식수발을 위한 텃밭과 아녀자들의 꽃밭이 함께 있던 후원이다. 여름밤 손톱 꽃물 들이며 애달아한 여인들의 꿈은 모두 이루어졌을까. 돌담 위로 모과가 단단하게 주먹을 쥐었다. 수런대는 대숲에서 새소리가 오늘따라 요란하다. 몽심재는 어떤 꿈도 나무라지 않는 곳, 상상도 꿈꾸는 것이니 사부작거리는 며느리 버선코 동선에 나를 포갠다. 김명관 고택에서도 운조루에서도 상상을 따라 이야기를 짓는 버릇은 이미 오래되었다.

담 너머 지리산의 막내인 견두산이 늠름하다. 예부터 이 고을은 호랑이가 어슬렁거리기 좋은 산중마을이었다. 홈실이란 마을 이름은 '호음실'을 줄여 부른 것이고 호곡리 역시 '호랑이 고을'에서 온 이름이다. 호두산이라는 이름값 때문인지 호환이 많아 견두산으로 바꾸었다는 전설이 아직도 산자락을 타고 고샅을 헤매는 첩첩산중. 그 뒤로 거짓말처럼 호환이 없어졌다는 얘기는 이제 옛날 호랑이 담배 피던 얘기가 되었다. 며느리도 그녀의 아들도 노비도 봇짐 진 선비들도 모두 떠난 몽심재. 흥성한 옛이야기는 휘돌아 나가버리고 이제 대문은 모두에게 활짝 열려 있다

솟을대문으로 들어오면 높다란 석층 위로 앉힌 사랑채 앞에 거대한 자연석이 있다. 바위 위에 올라서 보면 영락없이 거북이가 머리를 쳐들고 안채를 향해 올라가는 모양새다. 별호가 복바위라는 이 집터의 최고 명당 자리다. 이곳에 온 손님들은 그 바위를 안고 지복을 소원한다. 더러는 자신들의 근심을 남모르게 바위 밑에 괴고도 간다. 뿌리가 호랑이 발톱 같은 감나무가 수백 년 붉은 눈을 뜨고 바위를 지키고 있다.

바위 밑에는 하인들을 위한 정자 요요정이 있다. 조선시대 양반들의 전유물인 정자를 하인들에게 내린 평등의 공간이다. 행랑채 옆에 붙어 더없이 편안했던 누마루에서 노비들의 정담과 농담들은 눈치 볼 것 없이 들썩거렸으리라. 정자 옆은 주인도 하인도 함께 즐기는 사각 연못 천운담이다. 한여름에는 온 집안이 연 향으로 안개처럼 휩싸이는 곳이다. 집터에서 제일 낮은 석지, 장대비가 내리면 경사진 물길이 안채와 사당을 돌아 사랑채를 모두 씻어 이곳으로 모인다. 흥건해진 물 위로 매끈한 베롱 나목이 제 허리를 비춰 본다.

친정에서 한걸음에 갈 수 있는 아름다운 산골 마을 홈실, 가끔 혼자 가는 날이면 운전대를 틀어 몽심재를 간다. 수백 년 꼭꼭 숨어서 적선을 유언처럼 지켰던 만석지기 고택은 고향의 자랑이다.

솟을대문을 지나 사랑채 툇마루에 한참을 앉아 햇볕을 쬔다. 더 없이 평안하고 아늑해서 눈을 감으면 그대로 꿈을 꿀 것만 같다. 그러다 심심하면 안채 다락마루에 올라 늙은 소나무 등걸을 훑어본다. 주인 없는 물확에 내 얼굴을 실컷 비춰본다. 명을 다한 목련이 투–둑 떨어지는 날도 좋고 연꽃 가득한 못에 개구리 촐싹대는 여름도 좋은 고택. 가을날 석층 난간에 누군가 올려놓은 모과 한 알 주워 오는 것은 덤이다.

몽심재와 함께 생각한다. 돌확 물 위에 한 사람을 그린다. "너의 고향, 발길 따라 몽심재를 다녀 왔다."는 기별을 기억에서 뒤진다. 투병 중에도 따뜻한 마음 한 조각을 서슴없이 나에게 떼 주었던 그녀. 이제는 꿈에서나 볼 수 있는 창백한 얼굴, 철 따라 왔다가 세상 끝으로 가버린 흰비오리.

오늘 밤 몽심재 돌 거울 속에 달빛이 들 것인가.

마고

신호는 뼈에서 시작한다. 통증이 뼈마디마다 성글게 글자들을 새기는 중이다. 어쩌면 몸속에서 울울대는 이것은 수수꽃다리에서 발원된 것이리라. 저번 주 생각 없이 화단에서 꽃향기를 맡은 게 잘못이다. 구름처럼 공중으로 길을 낸 가로수 벚꽃이 옆에서 통증을 거든다. 연분홍빛들이 찬란할수록 나는 우울 속에서 빙글빙글 돈다. 지금 나는 그늘지고 따뜻하고 어두운 골방이 절박하다.

식욕도 없고 답답하여 천변에 나가보지만, 삭신이 욱신거려 길 위에 멈춘다. 사람들은 강아지를 안고 봄꽃 속으로 뛰어가건만, 여기서 되돌아가려니 부아가 난다. 아쉬운 대로 집 앞에 있는 초등학교 벤치에 앉아 아이들 공놀이를 한참 바라보다가 운동장을 두어 바퀴 돌아본다. 숨이 가쁘고 어지럽다.

이 병증의 원인을 되짚는다. 그 새벽에 갓 나온 나를 윗목으로 훅 밀어놓고 긴 잠을 자버린 친정엄마를 지목한다. 동짓달이 아닌 음력 춘삼월 한복판에 내가 나온 것은 그나마 다행이다. 또 하나 삼신할머니의 그 성질머리 때문이다. 뭐가 그리 급하다고 태중에서 아직 덜 여문 나를 내보냈단 말인가. 내 위로 오빠 둘을 데려가고도 모자라 나조차 데려가려 했던 죄를 따지고 싶다. 첫 새벽 아직 찬 기운으로 서늘했을 윗목에서 숨죽이고 미동 하나 없이 죽은 척해버린 핏덩이를 생각한다.

한사코 지금도 어머니는 내가 다시 살아났다고 하신다. 부활은 예수님만 하는 특허 사건이지 내가 그럴 리 없다. "갓난아기가 죽었는지도 산지도 모르는 산모가 어디 있냐?"라며 응수한다. 분명 낳은 순간에는 내가 살아있지 않았다고 우기신다. 긴 잠 끝에 정을 다셨을까, 대충 둘둘 말아 던져두었던 산후 보자기를 끌어 내려 죽은 아기를 곱게 싸서 묻어주려고 하셨단다. 순간 뭉툭하게 돋은 배꼽의 탯줄이 비상하여 만져보니 뛰어대는 맥박에 깜짝 놀라셨다는데, 그제야 아랫목으로 내려 불쌍한 아기 엉덩이를 두드려 봤다는 믿거나 말거나가 내 탄생 비화다.

새벽 내내 벌거숭이가 눈도 못 뜬 채 조그만 입술로 어미의 젖꼭지를 얼마나 찾았을 것인가. 첫소리조차 내지 못한 갓난이가 따뜻하고 포근한 엄마의 품이 얼마나 간절했을까. 차라리 스스로 생명줄을 놔버려도 되었을 텐데, 가녀린 고사리손으로 탯줄의 맥박을 붙잡고 까무룩대며 죽음과 힘겹게 실랑이했으리라. 보다 못한 노고단 마고 할미가 불쌍한 나를 살려 지금 여기에 내가 있는지도 모른다. 분명 마고 할미는 저승으로 떠나게 될 아기들이 가여워 제 명과 맞바꿔 아기들을 살린다고 했다. 크는 내내 전설 같은 탄생 설화를 귀가 닳도록 들으면서 나의 무의식은 알 수 없는 설움을 쌓았을 것이다. 일곱 살 어느 날은 내가 집을 나가 모르는 길을 한없이 걷던 기억이 있으니 말이다.

 유년 시절 내가 죽었다는 사실과 엄마가 나를 버렸다는 생각이 우울하게 내 무의식을 잠식했으리라. 그래서 누군가에게 또 버려질지 모른다는 불안이 내 몸 어딘가에 숨어서 다가오는 사람들을 두려워했는지도 모른다. 나이 먹도록 봄만 되면 아프면서 슬픈 싱숭생숭한 이 느낌이 오래된 건 분명하다. 어느 수필가는 입덧 같은 봄덧이라고 했다. 꽃이 화려할수록 날씨가 화창할수록 더 번져서 결국 몸살로 이어진다.

 누군가 내 손을 잡아끌었다. 아니, 시들시들한 내가 먼저 부탁했을 것이다. "나 좀 데리고 어디라도 좋으니 데려가 달라."고 말이다. 우리 몇몇은 의기투합해 어느 바닷가 안쪽의 아늑한 집을 찾았다. 도다리쑥국을 잘하는 식당이었다. 처음 맛보는 낯설고 두려운 음식이었다. 해물탕도 아니고 찌개도 아닌 희멀건 국물이라니. 쌀뜨물에 된장을 풀고 봄 도다리 한 마리를 넣어 푹 끓인 것이었다.

 슴슴하고 비릿한 국물이 비위를 거스르려는 순간 알싸한 쑥 향기가 세게 한 대 뒤통수를 치는 맛이라니. 익숙한 쑥 내음에 으슬으슬 한기는 사라지고 아랫배에서 올라오는 따뜻한 온기가 온몸에 퍼졌다. 이순신 장군의 병사들이 원기 회복을 위해 먹었다는 둥, 삼사 월 요때만 맛보는 귀한 것이라는 둥 값을 치르는 이의 목소리에 힘이 들어갔다. 겨울을 뚫고 올라온 식물과 봄을 물고 온 물고기의 만남은 직녀님 안방의 뭉근한 아랫목 같은 것이었다.

 지인이 문우들과 점심을 같이 먹잔다. 벚꽃도 보고 시래기밥도 먹고 산방에서 자신이 가꾼 봄꽃을 보자고 한다. 그러면 좀 멀미 같고 몸살 같은 이 증세가 나아지려나. 별장처럼 쓰는 시골 산방 귀퉁이에 서 있는 살구꽃은 이미 졌을 테고 마당 안에 있는 노란 수선화를 보면 좀 나아질는지 모른다. 가방 깊이 와인 한 병을 챙긴다. 수선화도 좋고 현호색까지 좋았다. 포도주 한잔과 장사익의 「봄날은 간다」에서 정취는 절정에 닿았다. 누군가 소설가 박완서의 애청곡인 「비단 안개」를 마당에 가득 채웠다. 그러다 후렴 어딘가 '그리움에 목메는 젊은 계집'이 나오는 순간……. 나의 봄 덧 완치는 물 건너가 버렸다.

 지긋지긋한 몸살을 낫게 해줄 제물은 어디 있는가? 마침내 오늘 저녁, 울지 못한 갓난아기를 위해 도다리쑥국을 맑게 끓인다.

운명애愛
— 『개인적인 체험』*

낮에도 예배당 안은 어둠이 필요하다는 걸 어른이 된 후에 알았다. 아무리 화창한 날이라도 어둠이 십자가 밑에서 흘러 긴 의자에 닿아야 한다. 나보다 먼저 와 고개 숙이고 앉아 기도하는 사람이 있다. 시련에서 도망쳐 예배당에 숨어버린 사람들, 기도는 쉬 끝나지 않고 신음 같은 소리가 나직하게 새어 나온다.

무엇을 위한 기도일까? 자기를 체념하고 자신의 모든 것을 신에게 맡기려는 것이다. 세상의 애달프고 고단한 길에서 만들어진 죄를 회개하고 새 힘을 얻어 가려는 가엾은 엎드림이다. 분명한 것은 모든 기도는 구원을 겨냥하고 있다. 영원한 삶을 얻으려는 기독교적 의미도 있지만 '새로운 삶의 가능성'을 얻으려는 의미다.

어느 철학자는 감각적 쾌락과 욕망의 원초적 단계를 지나 선과 악이라는 윤리적 단계로 인간의 성숙을 정의했다. 마지막은 종교적 단계로 자기부정의 단계다. 죄의식이라는 실존의 처절한 절망감 속에서 신을 발견하게 되고 자신의 모든 것을 신에게 맡긴다. "저는 죄인이니 저를 구원하소서."라는 절대 고백의 단계다.

원하지 않았고 준비되지 않았던 '버드'에게 운명은 아기 괴물을 툭 던져준다. 스물일곱 살 외국어 학원강사, 아프리카 여행을 꿈꾸는 남자다. 어느 날 자신을 찾아온 아이는 뇌헤르니아로 기형적인 머리 모양을 하고 태어난다. 자신의 꿈을 원천무효로 만들어버리는 아기의 출생은 버드에게는 도망치고 싶은 마음과 죽어버리기를 바라는 마음을 갖게 한다. 그리고 아기 괴물에게 도망쳐 여자와 알코올 뒤로 숨어버린다. 스스로 아버지의 자격이 될 수 없다는 생각과 함께 원초적인 대상들에게 몰두한다.

어떻게든 도망치려는 버드는 자기방어의 열망과 동시에 벌레처럼 들러붙은 이기심이 수치스럽다. 내면에서는 도망치고 싶은 마음과 수치스러운 마음의 감정싸움이 치열하다. "수치심은 암덩어리"라고 표현을 한다. 드디어 괴로움 속에서 도덕적 단계에 느끼는 선과 악의 소리를 희미하게 듣게 된다. 선과 악의 기준이 되는 인물들을 만난다. 자신이 선택한 것의 책임 또한 자신이 지어야 마땅하다는 대화에 영향을 받는다.

"아기를 대학병원으로 다시 데려가 수술을 받게 할 거야.

난 이제 도망치는 건 그만둘래."

버드는 그의 마지막 올무인 자기기만에서 벗어난다. 그리고 스스로에 대한 신뢰를 회복해 간다. 불행과 정면으로 싸우길 원한다. 그리고 버드라는 별명은 그에게 어울리지 않는 이름이 된다. 그리고 '희망과 인내'의 사전적인 연결성을 독자에게 작가는 마지막으로 던져준다.

버드는 도덕적 단계에서 몸부림치며 자신의 실존을 선택했다. 생각보다 행동을, 외적 조건보다 내적 상태에 의한 판단, 그래서 "나는 행위한다. 고로 존재한다"라는 실존주의적 삶을 선택한다. 삶에는 고정된 의미가 없고 다만 스스로가 의미를 만들어 갈 뿐이라고 생각한다. 자신의 선택으로 자신의 삶을 만들어 가리라 다짐한다.

작가는 그 말을 하고 싶었던 걸까? 기꺼이 운명을 껴안으라고 말이다. 연보를 훑어보니 오에 겐자부로는 장애아들을 둔 아버지였다. 아들과의 지난한 관계에서 빚어지는 심리묘사를 이 소설로 풀어낸 때가 겨우 스물아홉이었다는 것이 놀라울 뿐이다. 앨범을 발표한 음악가로 장애 아들을 키워낸 작가의 노력은 일본 전역에 큰 감동을 주었다. 나에게 묻는다. 지금 나는 무엇으로부터 도망치고 있는가, 기꺼이 받아들인 나의 운명은 참을 만한가?

---

* 『개인적인 체험』, 오에 겐자부로, 서은혜 옮김, 을유문화사, 2009.

꽃 자수 인연

　식욕도 없고 체중도 빠지고 덩달아 온몸에 원인 모를 발진이 돋아 피부과를 한 달 넘게 다녔다. 두 계절 동안 자책과 절망이라는 감정에 몹시 힘겨웠나 보다. 시간이 지나가길 기다려야 했다. 숨을 고를 골방이 필요했다.

　여름 끝인데도 그날은 노란 셀로판지 너머로 세상을 보는 듯 햇빛이 찬란했다. 그 빛깔에 넋을 잃었을까? 무엇에 홀린 사람처럼 부스스한 얼굴로 언젠가 보았던 광목 자수 공방을 찾아 나섰다. 일시적으로라도 다른 것에 마음을 쏟아야 했다. 괴로울 때 실과 바늘을 들었던 여자들을 안다. 베를 짜는 직녀나, 레이스 뜨는 뽐므며, 백조가 된 오빠들을 위해 옷을 짜는 동화 속 공주까지 그녀들도 마음을 의지할 대상이 필요할 때 바늘을 들었다.

공방 수업 첫날, 그녀의 첫인상은 청바지에 흰 셔츠를 입고 동그란 선글라스를 끼고 와서인지 시원했다. 화장기 없는 얼굴과 장신구 하나 없는 모습인데도 전체적으로 맥라이언 배우처럼 귀염성이 돋보였다. 모든 이들의 말을 산뜻하게 응대하며 들어주는 모습에 '50대가 되면 저분처럼 늙고 싶다.'라는 바람이 들었다. 시간마다 섬세함과 화려함을 뽐내는 꽃 자수 강의였다. 우열을 가리는 수강생들과의 경쟁 속에서도 그녀는 유일하게 자유로웠다. 편안하게 세상 얘기, 삶의 얘기를 나누었다. 가끔은 삶의 방식에 대한 고집, 인생관의 주장에서 부딪치기도 했다. 그러나 넉넉하고 배려 넘치는 모습에 나는 쌓아 두었던 담을 허물었고 가슴을 열었다.

그녀는 암 수술을 받고 항암치료도 끝냈지만, 여전히 재발의 공포와 싸우고 있었다. 후유증으로 다른 병을 앓고 있고 작동을 멈춘 톱니바퀴처럼 며칠씩 누워 있어야 했다. 그렇지만 여전히 유유자적 검은 부츠를 멋들어지게 신고 씩씩하게 걷는 그녀의 모습은 아름다웠다. 죽음의 문턱을 넘어온 분의 시선과 깊은 관조를 내가 다 어찌 알겠는가. 지금의 시간을 덤으로 여기며 모든 것이 소중하고 간절한 그녀의 마음을 이해한다고 말할 수조차 없다. 그러면서 삶의 진실성에 여전히 미치지 못하는 내가 부끄럽다.

"오늘 맛있는 점심 사 주셔서 감사합니다. 오랜만이어서 너무 반가웠어요. 끊어질 듯 이어지는 인연이 소중하게 느껴집니다. 이 인연에 최선을 다하겠습니다."라는 감사의 문자를 보냈더니 "동생은 지구상에 몇 안 되는 사랑하고 이쁜 사람으로 내 가슴 안에 자리매김하고 있어. 열심히 사는 네 모습이 부럽다."라는 답글이 왔다. 누군가 이런 사랑 고백을 은밀하게, 조용하게 해준다는 것은 마음의 절반을 뚝 떼어 주는 것이 아니던가.

부족하고 못난 나 자신 때문에, 하는 일마다 꼬여서 자책감에 고꾸라져 있는 요즘, 그녀의 고백은 나를 살리는 명약이 되었다. 이해관계에 지쳐있을 때마다 그녀를 생각하면 '사람은 어여쁘며, 인연은 고귀하다.'라는 것을 다시 한번 믿고 싶어진다. 어쩌면 이런 인연을 만날 때 사람은 충성을 맹세하지 않을는지······.

풀무

 산은 깊었고 길은 좁았다. 겨우 차 한 대가 지나갈 길이다. 눈이라도 내리면 산 아래 동네에 차를 대고 걸어가야 할 것이다. 세상의 소음과 오염을 피하여 일부러 숨어든 듯하다. 가장 깊은 곳에 이르니 잘 가꾼 논밭 옆에 여러 채의 건물이 들어서 있다. 마치 거대한 성을 방불케 한다.

 누구든 함부로 들이지 않겠다는 뜻인지, 곳곳에 감시의 눈이 풀숲에 숨어있다. 이름 모를 꽃들이며 잘 다듬어진 논에는 우렁이들이 꼬물거리며 무논에 길을 내고 있다. 올라서서 내려다본다. 제법 높은 산마루라 그런지 산 아래 논밭들이 갈마들이로 푸르러서 보는 이의 속까지 아름찼다.

 괭이를 어깨에 얹고 밭으로 가는 아흔이 된 노장의 사진이 한쪽 벽면을 채우고 있다. 기상 어린 모습이 시대의 한 획을 그었던 선구자답다. 주름지고 거친 두 손이 오므리고 있는 새싹의 사진은 흙냄새를 훅 풍기며 어서 맨발로 들어와 보라고 말하는 듯하다. 찰진 토지에서 싹을 틔우고 열매를 맺는 식물 사진들도 믿음직스러웠다. "내 자식이 먹을 수 없는 것은 만들지 않겠다."라는 창업주의 이념이 "이웃사랑 생명 존중"이라는 정신으로 발전하였으리라.

이 세상에 내려온 뒤 정확히 100년을 머물다 떠난 농부 원경선 선생님. "암소와 곰이 함께 먹으며 사자가 풀을 먹고 아이가 독사의 구멍에 손을 넣으며"라는 구약의 선지자가 그려놓은 이상향이 그분의 꿈이었을까. 당신은 이것을 공동체 농원에서 구현하고 싶어 했다. 모든 화학비료나 농약을 거부하고 풀을 뽑고 벌레를 잡으며 퇴비로 거름을 주는, 이 땅에 유기농법을 전파한 농부셨다. 전쟁고아들과 소외된 이들을 모아 공동체를 이루며 가진 것을 함께 나누는 참삶을 실천하였다.

사옥 거실에 놓인 궤 풀무가 눈에 띄었다. 대장장이는 숯불에 단단하고 녹슨 쇠를 물처럼 녹여 모양대로 필요대로 도구를 만든다. 풀무는 장인을 도와 불길을 높이는 것으로 제 한 몸을 바친다. 꺼져가는 불씨를 풀풀 불어가며 맹렬히 불타도록 돕는 바람과 장단의 연장이다. 대장장이의 검은 손에 밀고 당겨지며 단전에서 퍼 올린 숨으로 한 생을 산다. 뜨거운 화덕 옆에서 불씨를 살려내며 한평생 그을음이 쌓인 대장간에서 본분을 다한다.

사람도 농사와 공동체 생활이라는 풀무질로 단단한 새사람이 되기를 바랐던 계몽가였던 선생님. 굴곡의 삶을 뒤엎고 끝없이 자신의 열정을 풀무질하며 농사를 지으신 분이다. 풀무의 바람으로 불순물이 녹으면 제련된 순금으로 태어나듯 사람도 그러길 바랐다. 돌아가시기 전까지 고령에도 하루 여덟 시간을 현역 농부로 일하셨다.

십육 년 전에 이곳을 방문할 때 선생님을 뵈었던 기억이 있다. 선생님을 옆에서 보필했던 지명희 사모님과 함께였다. 평생의 직업은 오로지 "생명을 전도하는 농부"라며 힘 있게 당신이 살아온 삶을 간명하게 말씀하셨다. 자연의 섭리에 따르는 농부의 모습으로 세속적인 욕망을 비운 선각자로 깊은 감동을 주셨다.

다시 찾은 농장은 더 정교하게 다듬어지고 꾸며져 있었으며 찾는 손님들도 많은 듯했다. 참살이 정신이 고스란히 담긴 로하스 아카데미를 찾는 사람들이 가장 먼저 하는 일은 핸드폰 반납이다. 있는 동안에는 외부와 일절 연락을 주고받을 수 없다. 유기농 식단에 저염 음식과 소량의 음식량이 제공되었다. 너무 분주하고 많이 먹으며 과하게 소비하고 있는 자신을 돌아보는 시간이었다.

편안한 마음으로 주위의 숲을 산책할 수 있어서 바쁘고 고되던 일상의 더께가 홀가분하게 벗겨졌다.

우리 부부가 하는 업무의 뿌리는 선생의 사상에서 비롯되었다. 우리가 손에 쥔 것 없이 시작한 이 길에서 처음으로 바른 먹거리와 유기농법을 알게 되었다. 선생이 심은 정신의 나무에서 나온 열매를 지금 함께 누리고 있다. 하늘을 섬기듯이 땅과 식물을 가꾸었던 선생님의 헌신이 있었기에 오늘 소비자들이 그 열매를 먹고 있는 것이다.

남편과 내가 사명감을 다해 현장에서 일해온 지 이십 년이다. 부레옥잠처럼 떠 있던 삶에 거칠지만, 진실한 풀무질을 만난 것이다. 그사이 사업의 뿌리를 다졌다. 한없이 부풀어 올라 산 위에서 꿈만 꾸고 싶었던 나를 데려다가 흙 속에 맨발을 딛게 한 것도 이 일이다. 더러 눈과 비를 맞아가며 뛰는 날에도 건강한 쾌감을 주었다.

수많은 사람을 만나보니 사람이 바라는 일이 크게 다르지 않음을 보게 되었다. 다닥다닥 붙어 종일 쪼그려 앉아 있는 한 평의 책상, 그 자리가 식구들을 먹여 살리는 땅뙈기로 보이는 날은 어깨를 툭툭 펴 주고 싶었다. 한 농부의 소망에서 나온 열매가 사람들의 건강을 지켜주고 좋은 제품과 성실한 마음을 전할 수 있어

보람되다.

  진실한 땀으로 세상을 바꾸며 자연을 살리고 사람을 살리는 일로 온 생애를 바친 아름다운 농부. 풀 한 포기라도 생명을 존중했고 이웃을 내 몸처럼 사랑하고자 했던 전도자. 생전에 기거하신 선생님의 사옥에 들어가니 그나마 괜찮은 유품으로 칠십 년이 넘은 책상 하나와 베란다에 놓인 의자 하나가 전부였다. 밀짚모자와 고무신, 낡은 가방, 검소함이 곳곳에 배인 안방에 "농사와 이웃을 종교처럼 섬기리라."라는 일기 앞에서 한참을 서 있었다. 평생을 걸고 지켜온 정신을 필사한 흔적이었다.

  누군가 지금은 어지러운 시대요 각자도생의 시기라 한다. 학자들은 이익에 눈이 멀어 의로움을 잃어가는 시대라고 일갈한다. 각자 알아서 잘살고 보자는 서글픈 시대가 아닐 수 없다. 아침에 눈을 뜨면 사리사욕에 찌든 위정자나 혈흔이 난무하는 무서운 뉴스로 인해 화면을 외면하고 싶다.

  낮에도 등불을 들어 참 스승을 찾고 싶다. 그분의 따끔한 한 말씀이 간절하게 그립다. 시들어 가는 정신의 불꽃을 다시 살릴 수 있는 풀무의 바람을 찾는다. 십여 년 전 그날처럼, 모닥불 피운 농장에 둘러앉아 나직하지만 울림이 있던 선생의 음성을 다시 한 번 들을 수 있다면 얼마나 좋을까.

두 시인

가끔은 시인을 끌어안고 밤을 보낸다. 어렵게 구입한 시집은 먼지와 얼룩과 구김에 더럽혀진 표지였다. 어느 서점 구석진 곳에 있다 내 책상에 놓이게 된 것인지, 다행히 작품들은 영롱하게 핀 동백꽃과 달마산 위에 떠 있는 초승달 같았다. 더러는 대웅보전 기둥을 물들인 노을빛이거나 주춧돌 위에 새겨진 거북이의 사투였다. 나는 물푸레 시인이라 이름지었다.

시집 앞날개도 아닌 속지 끝에 달랑 한 장의 무표정한 흑백사진, 심란하고 피곤해 보이는 부스스한 얼굴이다. 물푸레나무처럼 사진을 물속에 넣으면 금세 물조차 파리하게 변할 것 같았다. 다른 얼굴이 있을까 싶어 인터넷을 뒤졌다. 도서관 서가 앞에서 웃는 사진을 발견했다. 시집을 홍보하느라 급하게 찍은 티 나는 사진이다. 다행히 그녀에게 저런 날도 있었구나 싶었다. 도시 변두리에서 가난하게 살다가 땅끝마을 해남에 짐을 부린 그녀라는데 신산했을 그녀의 삶에 눈이 뜨였다.

지금까지 물푸레 시인이 미황사 동백숲에 잠들어 있는 줄도 모르고 내가 즐겨 찾던 곳은 부도밭이었다. 부도에 새겨진 오리주둥이를 모아쥐고 장난을 치거나 참게 거북이 등딱지를 간지럽히며 실컷 웃었더랬다. 시인 또한 부도밭이 좋아 고무신 신고 아침 이슬 밟으며 찾았다 했던가. 돌짐승 위에 얹힌 염주 알 같은 이슬을 슬퍼했다는 글귀를 어디서 본듯하다. 서울 여자가 혼자 내려와 깊은 병을 앓다가 시집 한 권 남기고 세상과 이별했다는 얘기, 죽은 처녀가 가여워 절집 스님이 거두어 주었다는 전설 같은 이야기가 대웅보전 앞마당에 가득했으련만. 미황사 앞바다에 누운 노을만 보고 가도 손해 볼 것 없다는 내 속물적 까막눈을 어찌하랴.

김사인 시인은 그녀를 강아지풀과 꽃다지가 있는 순한 풀밭이라 했다. 망초꽃처럼 말갛다고 노래했다. 결국 "태정 태정 슬픈 태정"이라며 우셨다. 모 문화재단에서 오백만 원을 지원하려 하자 쓸 데가 없노라고 받지 않았다는, 한 달을 오만 원으로 지냈다는 물푸레 시인. 김사인 시인은 내가 묻는 물음에 담담하게 "순전 서울내기였지만 변두리 빈민으로, 노동자로 살다 간 사람이었다."라고 했다. 노동 현장의 쓴소리나 분노의 목소리는 감추고 비단 실타래 같은 감성으로 일상을 그린 '민중 서정 시인'이라 했다. 노동시를 편집했던 분이니 가슴에 특별하게 품었을 것이라는 짐작은 했다.

평생에 시집 한 권 남기고 간 시인들을 꼽아본다. 명시집들이다. 김태정의 시집도 옆자리에 끼워 주고 싶었다. 물푸레 시인은 수줍음도 많았다. 자신의 시 한 줄이 부모님 영전에 바치는 술 한 잔이 되길 바라는 마음뿐이란다. 책을 내는 일이 그녀에게도 낯선 이들 앞에서 옷 벗는 일 같지 않았을까. 노시인은 "옷도 벗고 나면 그것 또한 아무것도 아니에요."라고 하셨다. 모름지기 오랜 시간 글을 썼다면 한 단계 정리하는 의미로라도 책을 묶어야 한다고 했다.

올 초 『가만히 좋아하는』 시집을 작가와 같이 읽으며 뒷배경들을 듣는 시간이 있었다. 첫 시집 후 20년 만에 선보인 시인의 시들은 한 줄의 문장까지 울림이 있었다. 수배자의 몸으로 숨어다니며 살았던 불안과 서러움의 시들이 독자를 위로하였다. 시로 심리 치료 연구 논문을 쓴다는 회원은 대표적인 시들을 몇 편 낭송하기도 했다. 성공이나 훈계가 아닌 실패와 좌절의 시들이 오히려 어루만지는 힘이 강하다. 토씨 하나 버릴 것 없이 느리면서도 조용히 말씀하시는 모습이며 시에 붙이는 결 이야기며 따뜻한 기억으로 남는 겨울밤이다.

한 인간이 무언가에 자기 삶을 걸고 애쓸 때 거기에는 그럴만한 곡절과 절실함이 깃들어 있게 마련이라고 하셨던가? 그 절실함으로 물푸레 시인은 시를 썼을 것이다. 시 쓸 때만 오롯하게 행복했다는 그녀의 시집을 거듭 읽는다. 어쩌면 노시인은 그녀의 삶과 죽음까지 울어주고 보듬어주는 시인이었으리라. 긴 듯 아닌 듯 두 시인의 도타운 인연이 청보랏빛 수레국화 사이에 머문 햇살 같았다.

여느 때처럼 작품을 통해 새로운 시인을 알게 되고 시집을 사들이는 일은 나에게 퍽 즐거운 일이다. 시인 속의 시인을 찾아가는 모험의 길은 좋은 안내자의 손을 잡고 낯선 길을 가는 기분이라 설레고 즐겁다. 그럴 때 시를 읽는 맛이 난다. 마음을 섬기는 것이 글쓰기의 시작이라서 결국 글의 기술은 사랑의 기술이라 하셨는데. 어디 쓰는 것뿐이랴, 누군가의 글을 읽는 일도 이와 다를 바 없지 않던가. 작품과 작가를 온전히 좋아해야 칼 같은 논평도 써보고 싶어진다는 시인의 말씀에 고개가 끄덕여졌다.

물푸레 시인 김태정, 추워서 학교 가기 싫다는 어린 나를 업고 갔던 고향 마을 언니와 시인의 나이가 같다. 툭하면 일 안 하고 놀기만 한다고 어른에게 지청구를 들었지만 해맑게 잘도 웃었던 언니. 서울에서 공장 다니며 야간학교 다닌다고 마을을 떠났는데 물푸레 시인의 얼굴이 언니를 많이 닮은 듯하여 자꾸 마음이 기우는 밤이다.

목기

 창공을 움켜쥔 가지 끝, 연둣빛의 밀도는 조밀했다. 들판은 햇발로 무르익고 잠밭 고을 밭뙈기마다 워낭소리가 봄을 깨웠다. 노거수 밑으로 천수를 다한 노옹의 꽃상여가 지나가고 철마다 신부의 가마가 출렁였다. 한여름 삼베 잠방이를 입은 머슴들은 배꼽을 드러낸 채 나무 그늘에서 더위를 났다. 비싸리 나무 곁에서 탁주 내기 장기판이 걸쭉하게 벌어지면 사내들도 보따리 장수도 미투리를 벗어놓고 훈수를 두었다.
 고작 울타리나 치고 빗자루나 삼는 것이 비싸리 나무의 숙명이다. 귀끔스럽게 잠밭고을에서는 장정 다섯이 안아야 할 만큼 우람했다. 노욕이 뻗친 고승의 말 때문이었을까, 마을 한가운데 범상치 않은 나무로 화가 미칠 거라는 소리에 어깨를 축 늘어뜨린 나뭇가지가 몸을 떨었다. 그해 여름, 옹골지던 노거수는 천둥 번개를 이기지 못하고 쓰러지고 말았다.

비싸리를 아꼈던 마을 사람들은 나무 기둥을 잘라 이름 높은 절로 보내고 싶었다. 화엄사로 가려 하자 밑둥치는 꿈쩍하지 않았다. 순천 송광사로 가자는 채근에 움직인 나무 밑동은 속이 파여 승보사찰의 공양간 구시가 되었다. 부처님의 불경이 드디어 나무 밥그릇으로 현신한 것이다. 다듬어 놓은 구시는 비천상의 치맛자락처럼 물결무늬를 거느렸다. 수백 년을 살면서 응어리진 옹이 하나 없이 매끈한 공양 그릇의 명성은 저승까지 소문이 났다. 그때부터 순천 사람들은 염라대왕에게 보여주려고 구시를 잰 실을 붉은 주머니에 넣어 유행처럼 달고 다녔다.

그 옛날 비싸리 나무와 우물이 나란히 있던 곳이 공원이 되어 있는 지금, 나무의 전설이 고향 우물터를 맴돈다. 나는 흐뭇한 전설이 민속화로 그려지는 이곳에서 태어나 이 우물 물을 먹고 자랐다. 할머니의 할머니가 동이에 퍼 나르시던 비싸리 우물, 이 골목에서 땅따먹기와 고무줄놀이하며 키가 자랐다. 마을을 벗어나기까지 들고 날며 푸른 꿈나무에 우물물을 주었다.

도시의 골목은 나의 푸른 나무를 품어주지 않았다. 꿈을 베어버린 실패의 단면은 오히려 입을 닫았다. 내 초라한 목기에 얼룩진 것들, 모든 허물을 불문에 부치고 새벽을 기다렸다. 도시에서 나의 목기는 스산한 골목길의 바람을 따라 흔들리며 흘러갔다. 겨울에는 목기 안에 얼음이 얼었다. 그러나 한설이 멈춘 어귀에서 자신의 밥 한술을 덜어서 기꺼이 내 그릇에 담아주는 사람들을 만났다. 귀퉁이가 떨어진 밥그릇에 스며왔던 온기. 자기 그릇에 담을 것만 욕심내고 사는 세상이라지만 세상 모든 밥그릇은 밥 한술을 주고받으며 함께 연결되어 있었다. 내남없는 십시일반의 위력, 더불어 사는 세상에서 밥그릇들은 둥그렇게 서로 따뜻한 등을 기대고 있었다.

이 모양 저 모양으로 그릇을 만드는 일은 누구라도 쉽지 않다. 자신과 다른 사람 공부를 톡톡히 치르며 세상살이 그릇을 만들어 가는 시간은 생각보다 길고 아프지 않던가. 마음 그릇을 넓혀 가는 일이란 유기그릇을 만드는 일과 다르지 않다. 벌건 쇠를 매질해 둘레를 넓히듯이 뜨겁고 아픈 일들은 뫼 꾼의 매질과 다르지 않다. 나무 그릇도 깊고 넓게 파내고 깎는 작업 끝에야 쓸모 있는 목기가 된다. 잔 거스러미까지 문지르고 밀어내야 주인 손에서 반질반질 윤이 나는 것이다. 수백 년을 한 자리에서 제 몸에 날짐승을 들이고 사람을 안았던 고향의 비싸리 나무를 생각한다. 제 속을 모두 드러내고 공양간에 묶여 만인의 그릇으로 마지막 고백을 마친 비싸리 구시를 그려본다.

　새로운 나무 그릇을 받았다. 투박하지만 용틀임하듯 꿈틀대는 무늬가 아름답다. 나무 향기는 또 어떤가. 여기에 봄에 심을 꽃씨 한 줌이나 암팡지게 잘 익은 대추 한 홉을 담고 싶다. 새 목기는 아직 세련된 모양을 갖추지 못했다. 주어진 그릇이 고대광실에서 쓰는 그럴듯한 청자였다면 좋았으련만. 하지만 소박한 목기에 고린내 풀풀나는 은행알을 담으면 좀 어떤가. 그 안에서 열매는 여물어지리라. 모든 언어에 나의 호흡을 불어넣을 목기는 긴 시간 햇볕과 비와 눈이 스민 정직한 목기로 짱짱하게 나무의 둘레를 껴안아 주리라.

　자신의 상처만 보다가 타인의 흉터를 보게 되는 안목을 담는 너그러운 그릇이면 좋겠다. 세상을 함부로 단정하지 않고 사람을 기다리는 누긋한 그리움도 이 그릇에 담고 싶다. 차마 그릇에 담을 수 없는 동정 어린 것들이 내 목기의 가장자리를 기웃거린다면 기꺼이 받아주련다. 여러 고비를 넘기고 만난 '수필'이라는 목기는 존재의 또 다른 도량이다. 무엇이 담기느냐에 따라 그릇의 본질이 된다는 것쯤은 이제 알고도 남는다. 사람은 자기 그릇 크기를 크게 벗어나지 못한다는 무게의 가늠은 아득할 뿐이다.

　올여름 잦은 회색 구름이 유난히 무거워 보였다. 길고 강한 장맛비에 고향을 에워쌌던 섬진강 제방이 무너졌다. 순식간에 쏟아져 들어온 흙탕물에 마을을 지키고 있던 느티나무가 먼저 발목을 붙잡혔다. 비싸리 골목도, 나락이 팬 들판도 홍수에 잠겼다. 순식간에 마을 앞 농경지가 누런 바다로 변했다. 기르던 짐승들이 떠내려가고 봄부터 정성 들여 가꾼 열매들이 사라졌다. 높은 산사에 구시를 공양한 마을의 공력이 무색하게 수마가 할퀴고 간 상처가 컸다.

그런데 이것은 또 무슨 일인가. 매일 낯모르는 사람들이 몰려와 마을을 닦았다. 파편 위에서 터를 닦느라 팔뚝의 힘줄들이 파랗게 솟았다. 처음 본 아낙들은 새 밥그릇에 갓 지은 밥을 들고 와 마을 사람들을 먹였다. 새 옷과 이불과 이런저런 살림살이들을 나누었다. 진흙 위에서 따뜻한 밥을 함께하는 마을 밖 사람들의 얼굴에 땀방울이 흘렀다. 어쩌면 이들은 옛날 송광사 앞마당 비싸리구시 앞에서 사찰밥을 나눠 먹던 이들의 후손이지 않을까? 분명 전설 속 사라졌던 그 넋들이 사람을 입고 강물을 거슬러 비싸리 고을로 돌아온 것이리라.

섬진강 따라 내려갔던 비싸리 나무 전설이 내 고향 잠밭으로 돌아온 여름밤, 곱게 늙은 비싸리 구시 전설 안에 어제가 있고 오늘이 있으며 내일이 담겨 있다. 난해한 사조들을 모두 거둬내고 겸허한 모국어로 오늘의 갸륵한 전설을 내 목기에 새긴다. 그리고 내 마음 한편에 어린 비싸리 나무 한 주를 심는다. 가지 끝이 조금씩 창공을 거슬러 오르는 한, 나무는 살아있는 신神에 가장 가까우리라.

쑥돌

 강둑에서 망부석처럼 살았다. 먹구름 아래서 눈이 붓도록 우는 날이 많았다. 눈물을 훔치면서도 삭풍에 지지 않았다. 척추뼈를 꼿꼿이 세우며 가슴에 이름 석 자를 끝까지 품었다. 손가락 끝으로 파인 글자를 따라 획을 그어본다. 실핏줄에 피가 도는지 빗돌의 몸에 온기가 돈다. 쓰다듬은 손바닥 안으로 주인의 이야기가 우줄우줄 모여든다.

 회백색의 쑥돌이다. 몸피에 찍힌 검은 별점들이 촘촘하다. 바닥에 깔리고 경계를 짓는 흔한 돌덩이다. 희끄무레 어설퍼 보여도 쉬 쪼개질 리 만무하다. 담박하지만 단단한 돌의 본성을 꼽자면 천하제일이다. 돌의 낯을 문질러 놓으면 반질거리는 민낯은 우물처럼 투명하다. 고운 살빛을 앞세워 함부로 우쭐대지 않는다. 오직 석공의 부름만 따른다. 임금의 산릉을 지키는 문무석부터 어떤 모양으로든 놓인 곳에서 웅숭깊은 무게를 지닌다.

결기와 의지를 쌓기만 해도 성벽이 되는 쑥돌의 위용을 아는가. 벽을 위해 이가 깎이고 잘리며 제 몸피를 상대의 각에 맞춘다. 돌짬 하나 없는 면이 되려면 베이는 아픔쯤은 아무것도 아니다. 무릇 전쟁의 협곡을 휘돌아 나온 성벽은 한 나라의 역사를 다시 쓰는 법. 어깨를 기댄 홍예문의 돌 무지개, 그 반달눈썹 아래로 승전한 장군의 경쾌한 말발굽 소리를 어찌 잊을 수 있으랴.

쑥돌에 앉은 돌옷을 쓰다듬는다. 돌에 스민 물기에 뿌리를 내린 생명체다. 돌이끼의 더듬이는 사계절 내내 바위 속 그의 비밀을 엿듣는다. 낮은 포복으로 평생을 산다. 수억 년 전 뜨거운 열기를 핥다가 푸른 혓바닥이 갈라진 것일까? 메마른 입술이 부르텄다. 온기를 찾아 다시 태어난 이생에서 포자로 번식하며 암석의 돌기에 뼈를 묻는다. 온몸에 감겨오는 이끼의 손가락이 쑥돌의 옷섶 안을 파고든다. 비신을 업고 기어가는 정강이 튼실한 기단 바위의 전생을 묻는다.

쑥돌의 전생은 용암이라 했다. 주체할 수 없는 심연의 불덩이를 삭히는 일로 셀 수 없는 밤낮을 흘러왔을 것이다. 고운 무늬를 이루는 일이 말 못 하는 바위라고 어디 쉬웠을까. 지옥의 불구덩이를 통과한 암석 정도는 되어야 단단한 어깨를 얻는다. 창조주는 화강석을 다듬어 일만 이천 봉을 세웠다. 날카롭게 갈아낸 비위 봉우리로 백두대간의 혈맥에 침을 놓았다. 사계절 내내 기암괴석이 절경을 풀어내는 일은 쑥돌의 무궁한 소임이다.

쑥돌이라는 정다운 이름을 얻어서인가. 지순한 돌의 성품을 닮은 석공들은 돌에 자신을 입힌다. 마음속에 숨긴 형상을 돌먼지 날리며 불러낸다. 성과 속을 하나로 뭉친 창령사 오백나한은 노인과 여인과 아이들이 명상에 들었다. 민초들의 순박한 눈웃음은 이미 극락에 이른 듯하다. 나한들은 부끄러워하고 샐쭉거린다. 미소 지으며 호기심 어린 장난기가 가득하다. 쑥돌들의 표정은 희로애락을 가진 우리네의 얼굴이다. 돌 나한의 숲속에는 잘난 것 없는 사람들이 모두 모여있다.

나한의 얼굴에서 기억이 뚜렷한 한 사람이 살아난다. 강둑 빗돌의 주인인 그가 살았던 빈집은 예전 그대로다. 마당에는 쓰러진 개망초 풀 무더기가 가득 고였다. 여름내 흰 꽃들이 언제부터 마당을 점령한 것인지, 꽃씨의 시작을 알고자 하는 것은 바람의 시작을 묻는 것처럼 부질없다. 마당 안에서 겹겹이 굽이치는 꽃 파도를 바라보았을 댓돌의 침묵을 살핀다.

언뜻 흰 와이셔츠 차림으로 집 모퉁이를 돌아 나오는 그의 모습은 환영이다. 오래 품고 온 이름을 불러본다. 그는 학자로 강단이 어울린 사람이었지만, 불혹의 나이에 천형을 받았다. 숨기려 해도 소문은 고인 자리를 떠나지 않았다. 돌아온 아들을 바라보며 편히 눈을 감지 못한 어머니의 한숨이 들린다. 밤낮으로 절망이 떨어졌을 젖은 댓돌. 오르내린 쑥돌 아래로 흐르는 강물의 울음소리를 듣는다.

고향에 왔으되 그리운 고향은 아니었으리라. 쑤군대는 사람들을 치받지 않았다. 백묵 가루를 털고 삽을 들어야 했던 상처 핀 손바닥. 채이고 밀리는 속가슴의 절규를 묵향으로 풀어 병풍을 세웠다. 사랑채 내실 벽마다 마음을 다스린 사군자가 벽지처럼 붙었다. 짓무른 삶을 견디며 그의 가슴을 후비고 지나간 울분의 끝은 용암 덩어리다. 더는 갈 곳도 없던 그는 고향의 산하에 마음을 비끌어 매고 단단한 바위가 되어갔다. 자신을 버린 얼굴들을 지우는 일은 순연한 마음과 드잡이하는 일. 마음의 불순물들을 녹이면서 암석이 되어갔다.

대장부의 생이란 쓰러지지 않기 위해 애쓰며 견디는 것이라 했던가. 용렬한 삶의 궤적을 가슴에 휘갈기며 나왔을지라도 등으로 버티며 발을 떼었다. 시시포스가 바위를 메고 매일 오르는 일이 어찌 허무한 일이기만 하랴. 하여 누구라도 자신이 짊어진 돌의 무게를 견디고 오르는 일은 숭고하다. 잊힌 고향의 역사를 파헤치며 계절을 채워갔다. 정강이까지 올라 차는 물길을 맨발로 건너는 마을 사람들에게 대교를 놓아주는 데 앞장섰다.

  곡진한 사연이 마당 안을 가득 채운 채 그의 집은 무위에 들었다. 풀 무더기 사이로 보리피리 시인이 나타난다. 붉은 황톳길 버드나무 아래에서 지까다비를 벗으면 발가락이 없어졌다는 시인이다. 보리피리 불며 천형의 시름을 달랬다는데, 지금이라도 보리밭에 숨은 시인의 풀피리 소리가 강둑의 돌비를 깨우면 좋으련만. 머나먼 기억을 소환하는 비신에서 진땀이 흐른다. 이야기를 온몸에 새긴 빗돌이 되는 일이 어디 만만했으랴. 늙으신 어머니가 댓돌 위에서 아들의 사계절을 견뎌내는 일을 어떤 글자로 새겼을까, 금의환향의 꿈이 칠교처럼 조각나버린 그의 심장을 어떻게 붙여 놓았을까.

  그가 놓은 대교 아래로 강물은 여전히 유장하다. 강둑 길섶에 그의 비석이 강 아래를 굽어본다. 말할 수 없는 시린 삶은 사라지고 빗돌만 우뚝 서 있다. 사람은 가고 이름만 남았다. 그의 이름을 쑥돌이 깊게 안았다. 작은 돌에 새긴 글자는 존재하지 않은 자의 살아있음을 드러내고 있다. 바람 맞으며 빗돌 여백에 숨은 장무상망의 소원을 오래 읽어 내린다.

어떤 하루

"이 셔츠 언제 다림질할 거야? 오늘 입고 나가야 하는데."

새벽에 잠들어 꽃잠을 자고 있는 나의 귀가 남편 목소리에 묻은 짜증을 예민하게 감지한다. 대충 입고 나가는 모양이다. 다시 잠들려고 삼베 이불을 머리 위로 뒤집어썼지만 달았던 잠은 이미 도망가 버렸다. 요즘 비가 오락가락 마른장마가 계속되고 가마솥더위도 보기 힘들어서 다섯 식구 겉옷 빨래며 이불 빨래 건조가 쉽지 않았다.

요즘 선교캠프를 다녀온 두 아이가 배낭에서 많은 빨랫거리를 쏟아내고 대학 기숙사에서 돌아온 큰아들이 깔끔한 체하는 탓에 우리 집 건조대는 쉴 틈이 없었다. 당연히 다림질할 옷들도 쌓이게 되는데 오늘 그에게 딱 걸리고 만 것이다. '다림질은 모아서

해야지 나오는 대로 하기란 번거로운 일 아닌가? 그렇게 그 셔츠만 고집할 거라면 오늘만 직접 다려서 입어주면 고마울 텐데.' 불편한 마음을 없애버리자 싶어 한쪽에 모아놓은 다림질 거리를 해치워 놓았다. 토요일이라 늦잠을 마음껏 즐겨보고 싶었는데 희망사항이 돼버렸다. 아침 내내 뜨거운 다림질로 나의 낯꽃이 좋을 리 없는 것을 눈치챈 딸이 어디로라도 가서 바람 쐬고 오라고 고맙게 말한다.

  차를 끌고 나온 나는 덕진연못으로 향했다. 잔잔한 연향이 코끝을 스친다. 신석정 동상을 돌아 벤치를 지나니 출렁다리 옆으로 홍련의 수줍음이 한창이다. 유모차를 끌고 온 젊은 부부들, 운동을 나오신 할머니, 다정한 연인들은 손을 잡고 조용히 속삭인다. 늙지도 젊지도 않은 나는 연못가 의자에 앉아 멍하니 그들을 쳐다본다. 향수만큼 달콤한 것도 부질없는 것도 없다.

  수십 년 전 선물로 준 김춘수 시집 첫 장에 "너는 내 **뼈** 중의 **뼈**요 살 중의 살이다."라는 아담의 고백에 마음이 열려 연애가 시작되었다. 한마을에서 자란 우리는 1년 선후배 사이였지만 말 붙이기는 쉽지 않았다. 대학 진학으로 전주로 나오면서 흔히 말하는 콩깍지를 하나씩 쓰기 시작했다.

  연꽃 가득 핀 어느 여름 덕진연못에서 데이트 약속을 했었다.

아마 몇 주 전에 무슨 이유인지는 모르겠지만 다투어서 화해할 요량이었을 것이다. 그런데 기다리던 그는 오지 않고 갑자기 소나기가 내리기 시작했다. 어디쯤 오고 있는지 물어 볼 수도 없던 시절이었다. 한껏 떨쳐입고 나간 나의 원피스 위로 빗방울이 후드득 떨어지고 눈물은 핑 돌았다. 하늘에 구멍이 뚫려 내 가슴속으로 굵은 빗방울이 찼다. 기다리다 지쳐 집으로 돌아온 뒤 그의 자취방으로 전화했더니 힘없는 목소리에 차가웠던 서운함이 녹아내렸다.

첫사랑은 그런 것도 아름다운 추억이 되나 보다. 차마 손 한번 잡을 수 없을 정도로 수줍었던 그 시절을 생각하면서 다리 위를 천천히 걷는다. 호수 위의 긴 다리를 걸어가듯 인생의 긴 다리를 같이 걸어가리라는 것을 그때는 알았을까? 서로를 닮은 아이들을 낳고 오랫동안 대화하고 밥 먹고 잠자고 또 투덕거리면서 늙어가는 것을 말이다. 공간이 주는 향수에 젖어 잊혔던 어떤 하루가 뜬금없이 떠오른 덕진연못, 종종 삶에는 어떤 특별한 하루가 있다. 그 특별한 하루가 다른 모든 하루를 이끌어 내기도 한다.

전화벨이 울렸다 남편이다. 회의 다 끝나고 내려가는 중인데 뭐 하고 있느냐고 묻는다.

"연꽃 만나고 있어요. 오는 길에 복숭아 좀 사 오세요."

오늘만큼은 나를 서운하게 하지는 않겠지. 연꽃 한 송이 곱게 수놓은 광목 원피스를 꺼내 입고 맛난 저녁을 차려 줘야겠다.

삶의 한가운데
— 『삶의 한가운데』 *

 한 여자에게 시선을 빼앗겼다. 멋지게 차려입은 젊은 여자가 붉은 루주를 바르고 호텔 바에 앉아 신문을 읽고 있다. 누군가를 기다리는 눈치다. 혼자 위스키를 연거푸 마시는 모습을 남성들이 힐끗거린다. 매력적이며 자유로워 보인다. 언니는 동생 니나를 못 알아본다. 서로 못 알아볼 정도로 오랫동안 헤어져 있던 자매 사이는 타인이나 마찬가지다. 풍문으로 여동생이 결혼과 이혼, 생활이 불안한 작가라는 것, 도도하고 자유분방하다는 것 외엔 모르는 사이. 그렇다면 이 여자를 작가는 어떤 인물로 묘사하고 있는가?
 어린 시절 니나는 양부모에게 충분한 사랑을 받지 못한 듯하다. 행복한 가정에서 자라지 못했다. 차갑고 폐쇄적이고 고집쟁이로 자란 열아홉 살의 니나는 무언가를 이루지 못할까 두려워한다. 니나의 말에서 젊은이의 근원적인 불안을 엿볼 수 있다. 억압적인 나치 치하라는 시대적 상황 앞에서 흔들리는 젊은 영혼을 사실적으로 묘사하고 있다. 더불어 역사의 현실에 적극적으로 개입하는 여성상을 보여주며 주체적으로 자신의 인생을 다져가는 당찬 여성의 표본으로 그리고 있다.

니나는 내가 스무 살에 만난 여주인공이다. 이 소설은 이십 대 시절 나의 인생 책이었고 전혜린과 니나는 내가 추앙했던 인물이다. 그녀들의 우수적인 분위기와 절망적인 개인사, 바람 같은 자유와 불 같은 열정을 동경했다. 니나의 독보적인 매력에 매료되고 낭만적인 슈타인의 지고지순한 사랑에 감탄하며 읽어 내려갔던 시절이니 왜곡된 사랑의 방식을 비판할 줄도 몰랐다. "산다는 것은 그 무렵의 나에게 아는 것, 무섭게 많이 아는 것, 생각하는 것, 모든 것을 파고드는 것을 의미했어. 나는 언제나 과장 속에서 살아왔어." 니나의 말처럼 그렇게 살고 싶었다.

기꺼이 도서관에 방학을 반납하며 인식에 대한 욕망에 사로잡혔던 치기 어린 시절이었다. 직장 생활을 하면서 주경야독으로 새로운 전공을 공부하였던 것도 니나의 모험성을 모방한 것일지도 모른다. 지금은 삶에 대해 지나친 요구나 또 다른 자아를 구현해 내고 싶은 욕망이 사라진 때문에 평온하다. 50대에 읽은 니나는 왜 그때와 다르게 다가오는지 가독성은 발동이 걸리지 않았다. 니나의 변론이 설득력이 떨어져 보이며 슈타인의 사랑은 현실성이 없는 듯하여 몰입을 방해했다.

경계를 오가며 사랑을 하는 니나의 사랑이 더 이상 아름답게 보이지 않는 이유는 나의 나이 듦에서 오는 것이라기보다 내 안에 있는 저울의 침이 우향우로 더 예민해졌기 때문이리라. 이기적으로 보이는 행동과 집착같은 사랑이 설득력 있게 연결되지 않았다. 고전소설을 반복하여 읽는 유익한 점은 시간에 따라 시각이 달라진다는 것이다. 다양한 해석은 나 자신을 새롭게 알아가는 것으로 재독이 주는 감흥이다.

슈타인 박사의 편지로 니나의 과거를 알아가는 언니 마르가레트가 새롭게 눈에 들었다. 사랑에 대한 견해나 충고가 중년인 내 느낌과 맞물려 있다는 생각이 들었다. 슈타인의 고통과 인내와 사랑을 온전히 이해하고 결국에는 그의 편이 되어주는 폭넓은 이해심은 나이가 주는 미덕일 것이다. 니나를 이해하는 과정과 니나의 사랑을 포용하는 가족으로서의 모습 또한 그 맥락 안에서 이루어진다. 그녀의 평범하나 사려 깊은 캐릭터를 다시 조명해 볼 수 있어서 새로웠다. 질풍노도의 젊은 시절을 헤쳐온 나이 든 여자의 깊은 혜안과 이해심이 느껴졌다.

  사랑이 무엇이냐? 라는 니나의 질문에 삶의 굴곡들을 추억으로 볼 수 있는 능력을 피력하는 화자의 여유가 시원했다. "삶에 지나친 요구를 하지 않기 때문에 행복하다고 자신과 타협할 수 있다."라는 말이 마음에 들었다. 내려놓을 줄 아는 힘은 깊은 연륜에서 비롯된 것으로 생각한다. 행복하냐고 자신에게 묻는 물음이 필요 없음을 가능하게 해주는 것은 시간이 주는 세례다. 사랑에서도 "속해 있는 감정"이 사랑이라는 니나와 "무난한 생활"이라는 언니의 정의가 서로 대조적이다. 반론과 인정이 순환으로 이어지면서 자매는 서로를 알아간다.

  특징적으로 언니나 니나는 모두 글을 쓰는 사람이다. 신문사에서 일하는 저널리스트 언니와 소설을 쓰는 니나. 그녀들은 어린 시절 행복하지 않았고 자상한 부모를 만나지 못했다. 불행은 글쓰기의 좋은 원동력이다. 액자소설 「한나B」는 니나의 소설로 자매의 이견이 그려지면서 작가의 소설론을 알 수 있는 대목이다. 니나의 치열한 작가정신을 볼 수 있는데 여기서 영국의 브론테 자매가 겹쳤다. 그녀들 또한 극심한 가난과 병마로 불우한 가정생활과 짧은 생을 살다 갔지만 작가적 입장에서는 첨예하게 서로를 비판했다.

사실을 쓰는 기자들에게는 이성적인 사고가 필요하지만, 문학은 불행을 양식으로 종종 삼고 있다. 슬픔이라는 감정은 좀 더 확장된 경험과 사유와 유기적으로 연결되어 문학 작품으로 탄생하는 장르다. 루이제 린저는 언니의 입을 통해 그것을 주장하고 있다.

— 행복해진다면 너는 글을 쓸 수 있겠니? 나를 봐, 나는 비교적 행복한 편이야. 내가 글을 쓸 수 있을 것 같아? 신문 기사, 그래, 그게 전부야. 그리고 내가 어떤 글을 시도해 보면 겉만 맴돌 뿐 아무도 거기서 감동을 느끼지 못해. 너는 글을 쓸 수 있어. 그리고 대신 돈을 현금으로 지불받고 있는 거야. 너는 많은 것을 지불하고 많은 것을 얻었고 나는 거의 아무것도 지불하지 않고 아무것도 얻지 못하고. —

니나를 만난 지 40년이 되어간다. 한때는 내게 뜨겁게 찾아온 이름이었으나 이제 니나는 허상이고 극대화의 상징이며 허구의 꽃이 되었다. 루이제 린저 안에 니나와 언니 마르그레트가 공존하고 있는 것이며 발표할 당시에 작가는 니나보다 마르그레트 쪽에 가까웠을 것으로 추측한다. 주체적이고 독립적인 니나를 따라가기보다 우리 정서와 사뭇 다른 언니와 동생이라는 관계의 틀이 살펴졌다. 슈타인의 편지와 일기를 통해 동생의 과거를 바라보는 언니의 심리적 변화에 눈이 갔다.

여성의 금기에 도전하는 니나, 억압과 관습에 저항하고 박애의 정신을 발휘하는 니나, 자유를 갈망하고 지극한 순애보의 사랑을 외면하는 니나, 니나를 통해 자신들의 모습을 발견하는 슈타인과 마르그레트의 자아상 등을 눈여겨보게 되었다. 운명을 사랑하고 '지금'에 몰입하는 삶은 모두 "한가운데"라는 의미로 축약될 것이다. 치열하게 살아가는 모습 안에서 나 자신을 만나는 일은 얼마나 뜨거운 일인지. 여전히 뜨겁고 여전히 답답한 책, 니나가 나를 어디까지 끌고 갈지 다음 만남을 기대한다.

아슴아슴한 여고 시절, 책상 속에는 전혜린의 수필이 있었고 대학 새내기 내 품 안에는 자유로운 영혼 니나가 있었다. 거기에 슈타인처럼 지극했던 남자 친구가 있었다는 추억 하나로 오늘 밤은 흡족하다.

---

* 『삶의 한가운데』, 루이제 린저, 박찬일 옮김, 민음사. 1999.

3부

삼의당 별곡 | 단풍기 | 처서 | 흰색 실명
저녁에 찾아온 이름 | 동리凍梨 | 사소년사思少年事
에덴을 부수다 | 소설小說 | 놋달챙이

삼의당 별곡

 마이산으로 향했다. 탑사 아래 그녀의 명려각이 있다. 이름은 알려져 있지 않아 남편이 지어준 당호가 그녀의 이름이 되어 있는 김삼의당. 그녀 옆에 마땅히 있어야 할 것은 글과 그림과 꽃뿐이라는 남편 하립의 사랑이 담긴 호칭이다. 초야에 밤새 시를 주고 받으며 사랑과 순종을 고백한 조선 유일의 부부 시인이다.
 김삼의당은 1769년 남원에서 출생하여 1823년에 사망한 조선 후기 여성 문인이다. 신사임당이나 허난설헌이 양반 가문에서 글을 배우고 시를 썼다면 삼의당은 평범한 집안의 아녀자에 불과했다. 18세에 같은 마을에서 동년 동월 동일 생인 담락당 하립과 결혼하였다. 그 후 하씨 집안의 가풍 아래 부모에게 효도하며 부군인 담락당의 입신양명을 위해 내조하였다. 산사에 은거하거나 한

양에서 10년을 별거하며 등과와 양명을 위한 담락당을 위해 헌신하였다. 이에 따라 부모 봉양과 자녀 양육 등 어려운 경제적 부분을 혼자 감당하는 평범하지 않은 삶을 살았다. 삼의당의 별한과 규원의 수많은 작품이 이때 창작되었다.

가족을 그리워하는 담락당을 위해 자신의 감정 표현을 자제하였고 익숙한 전고를 인용하여 남편의 학문증진을 독려하였다. 시인은 당대의 엄정한 유교 윤리와 생활 규범을 지키며 철저한 부도를 바탕으로 모범적인 삶을 살았다. 그녀의 시문학은 『시경』의 예와 정신을 토대로 이루어져 있고 시대가 요구하는 범위 안에서 당대의 다른 여성 문학인들과는 다른 독자적인 개성을 그녀의 작품에 드러내었다.

평범한 아녀자가 학문에 대한 열정과 시인으로서의 자신을 끊임없이 성장시키며 수백 편의 작품을 시문집으로 남긴 점이 독특하다. 김삼의당의 독자적인 시 영역은 양과 수준에 있어 문학사적으로도 높은 가치를 지니고 있다. 그녀의 시문학의 특징은 학문적인 경지가 상당한 수준에 이르러 내적으로 수양한 흔적이 뚜렷하며 동시에 실생활과 궤를 같이한 작품세계를 가지고 있다는 것이다.

어려운 현실에도 김삼의당 부부는 유교 집안의 엄격한 규범과 남녀유별 의식이 강한 시대적 한계를 초월하는 모습을 보여 주었다. 오랜 별거에도 좋은 금슬을 유지했을 뿐만 아니라 문학적 교류가 자유롭게 이루어져 시를 통한 내밀한 대화가 이루어지는 등 평등한 부부의 관계를 보여 주고 있다. 입신양명에 실패한 부부는 말년에 모든 것을 내려놓고 진안 마령으로 이사하여 새로운 농촌 생활을 시작했다. 이후 부부는 농부로서의 삶을 유지하며 평화롭게 삶을 마감한 듯하다.

    대방성* 산기슭 붉새
    가을의 그늘로 물들어 오면
    바람은 흰머리를 매만지고
    노고단 마고麻姑가 허리끈을 푸는 저녁
    금줄 쳐진 서봉방* 두 처마 아래 호롱불이 켜지네

    고샅으로 내린 달빛이 장지문을 스치고
    실을 풀며 달리는 실패 끝이 꽃신에 닿아
    천정배필 화촉 불 밝혀
    등경에 올리는 신방의 바람벽
    계롓날 병풍 안 원앙침에 둘이 누워
    거안제미 수창酬唱하며 붉은 꽃대를 세우네

    담락당 은적암*에 몸 들이고
    풍경 소리 미명을 접어
    산허리를 깨우는 아침

하얀 비손에 어른거리는
봉두幞頭 위 어사화 몇 잎

옥창으로 빛바랜 그림자
한양 가신 임의 얼굴 바람으로 흩어져
부뚜막에 엎드린 귀뚜라미
종일 혼자서 우네
비녀와 가락지는 객비로 보내고
머리오리 팔아 어버이 저녁 짓는 시린 아궁이

토고 울리는 마령의 정월
다리밟기 떠나는 방화* 고을 큰애기들
그네 아래 웃음소리 흩날리는 단옷날
가슴에 묻은 두 딸아이 가여운 꽃댕기
뒤늦은 청혼서 차마 펴지 못하고
무너지는 어미 마음 곱게 싸매어
두 귀 솟은 마이봉 아래 돌탑을 올리네

주렴 아래 발 걷은 뜰방은 고요하고
월랑*의 남쪽 누마루에 임과 함께 드니
꽃도 같고 달도 같아 신선으로 앉은 당신
만취정晩趣亭*에 흐르는 비단 구름
주름진 삼의당 시름 한 자락
메나리 춤사위로
백운강 줄기 따라 휘돌아 나가네

— 「삼의당 별곡」 전문 (2023. 전국김삼의당 시서화대전 대상 수상작)

나의 고향에서 나고 자란 옛 문인의 발자취, 그녀의 생가터가 있는 남원 교룡산 아래는 사직단이 있고 남원성이 있고 광한루가 있으며 동편제 소리가 있는 곳이다. 김시습의 명혼소설『금오신화』의 만복사가 있고 만인의 총이 있는 충열의 고장이다. 그곳에 자신의 삶을 온전히 사랑하며 한과 슬픔을 문학예술로 승화시킨 김삼의당이 있다. 명려각 앞에서 그녀의 삶을 노래한 나의 시 한 수를 가만히 읊조린다.

---

* 대방성: 남원의 옛 이름
* 서봉방: 남원 삼의당 출생지
* 은적암: 교룡산 선국사 안에 있던 암자, 담락당이 공부하던 암자
* 월랑: 진안의 옛 이름
* 마령면 방화: 김삼의당 부부가 말년을 살았던 진안의 마을
* 만취정: 담락당 형제가 진안에 세운 정자

단풍기

받아놓은 날은 언제나 빨리 왔다. 가을걷이 끝내고 해를 넘기기 전에 식을 올려야 했다. 시월 끝자락에 날을 잡은 것이 화근이었을까. 남자가 장가들던 날은 날씨가 궂었다. 아침부터 하늘이 을씨년스러운 잿빛이었다. 점심나절부터는 바람과 진눈깨비가 둘둘 뭉쳐져 마당을 휩쓸었다. 기어이 행랑채에 걸어둔 바람막이 천막이 펄럭거리다 뚝 끊어졌다. 그 바람에 쌓아둔 접시들이 와르르 무너졌다. 빨간 꽃 사탕으로 울긋불긋한 잔칫상 위로 진눈깨비들이 갈지자로 흩날렸다. 과방 지기 대수 아재가 삶은 돼지고기를 썰던 손을 놓고 혼인 잔치 마당을 심란하게 쳐다보았다.

부엌에서 고기전을 부치던 명순이 엄마가 등이 시린지 아궁이로 들어갈 기세로 앉아 "오매오매! 이 좋은 날 뭔 일이래요?"

설거지하던 마을 어멈들은 시린 손을 겨드랑이에 옹그리고 부엌 밖을 나서지 않았다. 하루 종일 불목으로 절절 끓는 안채 아랫목에 얌전히 앉아있는 신부도 화려한 첫 상 음식이 차려져 있지만 숟가락을 들지는 못했다. 일가친척 아주머니들과 할머니들의 곁말과 눙치는 입담에 신부는 숨도 못 쉬는듯했다.

지난봄에 읍내 옆에 사는 처녀와 맞선을 본 남자는 체격이 작고 통통한 쌍꺼풀진 그녀에게 마음을 빼앗겼다. 매초롬한 눈매와 흰 피부가 아름다웠다. 농사일에 거무스름한 동네 처녀들과는 다른 도회적인 분위기가 물씬 나는 여자였다. 남자의 어머니는 그녀의 쌍꺼풀진 눈매가 어딘지 모르게 맹랑해 보여 마음이 편치 않았다. 오히려 수더분한 친정 동네 처녀가 형제 많은 집 맏며느리로 맞을 듯싶어 아들을 구슬려보았다. 그러나 남자는 크고 시원한 그녀의 눈매에 사로잡혀 있었다. 그해 겨울 부랴부랴 치른 혼인날은 그렇게 눈 폭풍이 몰아쳐 마당에서도 부엌에서도 과방에서도 사람들을 안절부절못하게 했다.

아버지를 도와 농사를 짓다가 큰아들을 낳고 서울로 올라온 남자는 개인택시를 몰게 되었다. 그때만 해도 개인택시 자격증은 안정적인 수입이 보장된 거였다. 그러나 일정치 않은 벌이로 아끼지 않으면 서울 바닥에서 내 집 한 칸 마련하기란 힘든 일이었다. 가난한 농사꾼의 맏이인 남자와 그녀와의 서울 생활은 금이 가기 시작했다.

그들의 집에서는 문밖에서 기르는 짐승조차 속 편하게 잠을 이루지 못했다. 그녀의 입에서는 씀바귀 뿌리보다 더 쓴 힐난들이 튀쳐나왔고 그 남자의 눈에서는 쇠도 녹일 불꽃이 일었다. 어쩌다 부부가 가족 행사에 오는 날에는 식구가 모두 초긴장했고 조심성 없는 감정의 칼날들은 무방비인 여러 사람을 찔렀다. 그들의 집은 오래도록 햇볕 한 점 들지 않았다.

혼자 지낸 지 십 년이 넘었다. 아들네 집과 가까워 며느리는 들며 날며 밑반찬과 건강을 살뜰히 챙겼다. 늦은 밤, 일을 끝내고 집에 오면 반겨주는 이 없어 쓸쓸하기도 하지만 잔잔한 평안을 되찾은 노후다. 두 해 전부터 여동생이 소개해 준 여자와 가끔 만나 식사도 나누고 차도 마신다.

남편과 사별한 여자도 세 아이를 잘 키웠다. 수십 년 엄마의 자리를 지키며 살아왔고 재산도 일구었다. 이제는 자식들 다 여의고 말이 통하고 마음결이 비슷한 남자를 만났으니 오래도록 가까이하고 싶었다. 어쩌면 사람과 사람의 마음은 상처와 상처로, 나약함과 나약함으로 더 쉽게 이어지지 않을까. 상실과 결핍을 통과한 가슴만이 수용할 수 있는 무엇이 세상에는 분명히 있다.

올봄에 남자는 동생들을 찾아다니며 인사를 시켰다. 평생 마음 붙일 데 없이 힘들게 살았던 남자가 외롭지 않기를 바랐던 동생들은 진심을 담아 축하해 주었다. 지난가을에는 가족 모임에도 합석해 나란히 노래도 한 곡 불렀다. 어릴 때 부모를 여의고 남편도 일찍 잃었던 여자의 주름진 뺨에 새색시 같은 발그레한 물이 들었다. 남자와 주고받는 눈빛 속에 스무 살 처녀의 수줍음과 똑 닮은 모습이 깃들어 있었다.

외로움에 대해서, 늙은 사랑에 대해서, 오랜 단풍나무의 미추에 대해서 나는 입을 다문다. 노을빛이 스며든 오후, 남자의 고향 집 마당에는 손 맞잡은 단풍나무 두 그루가 곱게 물들고 있었다.

처서

햇빛에 금색 물감이 섞였다. 점차 물감의 양은 늘어갈 것이다. 아직 뜨겁기는 하지만 채도가 한층 진한 태양 빛에 제법 그늘이 있다. 여름이 가신다는 것이다. 바람을 보게 되고 귀도 뚫려 벌레 소리도 듣게 된다. 눈을 뜬 여뀌와 내 말을 잘 들어 주겠다는 귀뚜라미가 바짝 붙어서 가을로 가자 한다.

뜬금없이 아침에 지인이 연락했다. "감정도 선택이다."라는 손 글씨를 보내 주면서 오늘은 헛헛함을 선택했노라고 했다. 나는 "슬픔도 재산이다"라며 잘 닦아서 가슴 깊이 묻어 두라고 답했다. 일부러 이모티콘은 픽 웃음이 나는 것으로 보냈다.

헛헛하다니, 무엇인가를 놓아 버린 게 맞다. 어쩔 수 없는 것을 놓아 버릴 때 그 공간이 그제야 마음속으로 느껴지지 않던가. 태양이 지고 어스름이 고개를 들면 가끔 나의 헛헛함도 자기를 봐 달라고 존재를 드러낸다. 나이 든 여자들은 많은 것을 내려놓아야 한다. 그럴 나이다. 할 수 없는 것과 하고 싶은 것 사이에서 줄다리기를 이제는 그만둬야 한다. 생떼를 쓰며 이겨보고자 했던 것들을 하나씩 놓을 줄 알아야 우아함으로 버틸 나이로 들어갈 수 있다. 그렇게라도 욕심을 넘기고 훌륭한 중년의 막바지로, 인생의 처서로 들어가야 한다.

부쩍 늘어난 흰머리를 염색하고, 주름이 깊어진 얼굴에 에센스 가득한 마스크팩으로 도배를 하는 밤, 그런 날은 달아나는 여자를 향해 고함을 지르고 싶다. 건강도 약해지고 여기저기 흔들리고 아려서 살살 내 몸을 달래 주어야 하는 이때, 슬픔의 친구가 하나 더 늘었다. 중년 여자의 단상은 자주 애처롭다.

쓸쓸해하는 사람, 젊었던 한때 이별이 힘들어 병원을 드나들어야 했던 뜨거운 성정을 가진 여자였다. 열정을 쏟으며 일에 몰두했던 것들이 퇴색되면서 그녀는 빈 둥지 앓이를 하고 있다. 모든 사람이 갔던 그 길을 어쩔 수 없이 그녀도 나도 가는 것이다. 아찔했던, 짜릿했던 젊음의 때와 마지막 그림자 끝에 졸랑졸랑 따라오는 사념까지 접어놓아야 한다. 도대체 "잘 가, 내 젊음아."의 인사말은 언제쯤 다정해질까. 이제부터 젊다고 느끼는 것은 착각이다. 가당찮은 욕심이다.

그런데 어쩌랴! 이렇게 우격다짐해도 욕망의 섬모들은 아직도 욜랑거리며 머리를 들고 꿈틀거리며 출렁댄다. 이도 저도 아닌 다리 위에서, 시퍼런 강을 건너는 그 길 위에서 그녀도 나도 두렵지만 휩쓸려서라도 그 다리를 건너고야 말 것이다. 그녀의 헛헛함에 안녕을 고하면 너무나 잔인한 것일지도 모르겠다. 헛헛함이 익숙해진다는 것은 그보다 더한 내리막길을 가는 것이니 말이다.

오후에 별일 없으면 식사나 하자고 문자를 넣었다. 나에게 기대고 싶은 그녀의 심중을 읽었으니 따뜻한 국물이라도 사주며 위로해 주고 싶었다. 앞으로 나라고 뜬금없이 그런 문자를 보낼 날이 없겠는가? 휘청거리고 그래서 화가 나고 어이없는 하루가 나에게 찾아온 날, 나도 그녀에게 기대어야 할 것이다. 뜨겁고 얼큰한 추어탕 집을 일부러 찾아갔다. 이 음식은 헛헛하고 쓸쓸한 때 내가 찾아 먹는 고향 음식이다. 그녀에게도 효험이 있기를 바랐다. "사추기 발작이지?"라는 내 놀림에 빙긋이 웃었지만 더는 묻지 않고 "많이 먹고 힘내자."라고만 했다.

계절은 감感으로 먼저 와 있었다. 햇빛에 몇 방울 금색 물감이 섞인 것을 벌써 알아챘다. 그렇듯 감으로 그녀는 일찍 찾아온 외로움에 겁을 내고 있다. 아들들이 군대로, 기숙사로 보내지고 자잘하게 말이 오고 갈 딸이 없는 이유도 한몫한 것일 거다. 본인이 몰입하며 하는 일이 있음에도 불쑥불쑥 찾아오는 그런 시린 날이 있음을 안다. 돌아보면 외롭고 쓸쓸한 마음은 언제나 틈에 강했다.

더위가 그친다는 뜻처럼 우리의 뜨거움이, 젊음이 그친다는 뜻으로 겹쳐 온 처서. 그러나 어깨를 늘어뜨리지 말아야겠다. 이제야말로 가을이며 열매를 거두는 때가 온 것임으로 뜨거움이, 젊음이 사그라질지라도 고개 숙이지 말아야지 싶다. 이삭이 패고 벼가 익어가는 길목에 왔으니 우리가 가꾼 나무들의 열매를 기다려보자고 다짐한다.

어쩌면 아직 괜찮은 나이일지도 모른다. "처서에 비가 오면 처녀들이 울고 간다."라고 하지 않던가. 처서의 날씨가 일 년 농사의 풍흉을 가늠한다고 하니 그녀에게 우리의 처서에 울기만 하면 안 된다는 속 다짐을 당부한다. 오히려 조상들처럼 말려야 할 젓은 옷이나 불안으로 얼룩진 책을 뒤져봐야 하리라.

인생의 처서! 여기쯤에서 화들짝 좋은 일이 생기면 숨 좀 쉬겠는데 아직은 묘연하다.

흰색 실명
— 『눈먼 자들의 도시』*

구례 화엄사다. 일주문을 지나고 대웅전 쪽으로 계단을 올라갔다. 계단 첫머리에 두 눈을 가린 돌로 만든 동자승이 앉아 있다. "남의 잘못을 보려 힘쓰지 말고 남이 행하고 행하지 않음을 보려 하지 말라. 항상 자신을 되돌아보고 옳고 그름을 살펴야 한다."라는 법구경의 금언과 함께다. 그 뒤에는 두 귀를 막거나 두 손으로 입을 막은 돌상이 있다. 보고 듣고 말함으로 남을 판단하지 말고 도리어 자기 말과 행동을 성찰하라는 깨달음의 뜻이 강하게 들어 있다.

보지 않으려 눈을 가리는 행위는 일시적이고 인위적인 면벽수행이나 명상에서 행해지는 수련 활동의 방법이다. 기도하거나 깊은 생각에 빠질 때 눈을 감는 행위는 골몰하게 문제의 핵심에 도

달하는 흔한 행위다. 눈을 막는 것은 존재의 가장 섬세하고 확실하며 거대한 정보 입력기관을 막는 것이다. 그래서 보지 못하는 것이란 살아 움직이는 모든 것의 치명적인 결점이다.

　모든 것이 하얗게 보이는 집단적 백색 실명 상태, '볼 수 없음'이라는 설정으로 인간의 파행들을 그린 작품이다. '본다'라는 행위가 실은 진짜를 보지 못하고 있는 허상일 수 있다는 것을 간파한 책이다. 우리 인간이 보고 싶은 것만 보고 보아야 할 것은 보지 못하는 허점을 꼬집는다. 어느날 갑자기 눈이 멀어 버린 사람들의 처참하고 적나라한 모습, 이 전염병은 도시와 사람과 사회와 규범과 인간의 존엄성까지 말살시킨다. 인간이 새로운 전염병에 노출될 때 어떻게 무너지는지 우리는 코로나라는 경험을 통해 알고 있다. 인간성 붕괴라는 공포의 과정을 작가는 사실적으로 표현하였다.

　작가의 '보지 못한다'의 가정은 '본다'라는 결론으로 가기 위한 거대한 설정이다. 보지 못해서 겪는 수용소의 폭력과 약탈과 살인과 강간의 아수라장은 그런데도 인간이 선택할 방법이 무엇인가를 보게 하는 역설이다. 인간이 어렵고 극한 상황에 처했을 때 선택할 수 있는 두 가지를 의사 아내의 행동을 통해 작가는 우리의 선택을 원하고 있다.

서로 돕고 질서를 유지하고 각자 희생을 감당하면서 평화롭고 합리적인 상황으로 가느냐와 물리적인 힘으로 약자를 약탈하고 살육하는 횡포로 가느냐의 물음이다. 모두가 눈이 먼 상태에서 유일하게 볼 수 있었던 어쩌면 가장 강력한 권력을 가지고 있었던 의사 아내의 힘이 어떤 식으로 베풀어지는지 대비되어 나온다. 인간의 본성에 들어있는 양면성, 그것 중에 무엇을 선택하며 살아가느냐의 작가의 질문이 들어 있다.

흰색의 실명은 한순간에 국가와 사회의 시스템을 무너뜨린다. 국가의 지도자와 언론의 관계자들까지 국가를 보호하는 군인과 인간을 치료하는 의사들까지 눈이 멀어 버린 상황. 인간이 만든 모든 문명의 틀이 깨어져 버린 상황이 벌어질 때 인간은 한 마리 동물에 불과하다는 설정. 인간이 본능만 남은 채 동물들과 먹이 다툼해야 하는 정글 상태의 적나라함. 인간의 먹고 마시고 번성하는 본능과 동물의 본능이 부딪쳐 충돌이 벌어질 때 눈이 먼 인간은 들개들의 먹잇감일 뿐이라는 공포스러운 상상이다.

국가와 사회체계와 문화와 교육의 혜택이 모두 사라졌을 때 겪는 이러한 일들의 상상은 인간과 동물의 구분이 어느 지점에서는 아무 효력이 없다는 것이다. 그렇다면 인간과 동물의 구분이 되는 지점을 작가는 '연대 의식'이라는 행위를 통해 재현시킨다. 집단이 함께 고통을 나누고 서로 의지하고 돕는 것, 이것이 인간성의 회복이고 인간다운 것의 발로라는 것이다. 모두 보지 못하는 가운데 볼 수 있었던 한 사람의 희생과 선함이 모두를 구원하는 과정을 그리고 있다.

선사시대에 있었던 부족의 집단생활, 역사시대에 등장한 윤리와 규례, 종교가 담당했던 가치와 도덕과 그 이후의 영원성에 대한 염원, 세계사가 정복과 권력의 기록이지만 실은 인간성의 전진성과 회복성의 기록이라 생각한다. 수많은 전쟁과 살육 속에서도 인류는 살아나왔고 살아 나간다. 인간 안에 내장되어 있는 평화와 사랑에 대한 의지는 여전히 우리를 이끈다. "삶이란 것이 어디로 튈지 모르는 연약한 것이고, 그러므로 연약한 삶을 매일매일 보존하는 것이란 계속 살아가는 것"이라는 검은 안경의 여자 말은 얼마나 씩씩한가. 그 씩씩한 삶 속에 박애와 사랑과 평화와 공존이 있다는 사실을 알고 나면 오늘이 고귀한 것이란 생각이 든다.

물질적 소유와 욕망 가운데서도 눈멀지 않는 인간성에 대한 갈구를 작가는 이 책을 통해 이야기하고 싶어 한다. "보고 싶은 것만 보는 것은 가장 심하게 눈이 먼 상태"라는 문장이 이 사실을 반증하는 문구이다. 보지만 보지 못하는 사람들의 비틀거림, 가졌지만 항상 허덕이는 굶주림, 쌓여있지만 항상 가난한 사람들. 이기심과 경쟁심에 짓눌린 부자들, 더 누리고 더 호화롭게 살고자 하는 욕망. 비우고 베풀라고 하면서 더 타락한 종교, 많은 가치를 잘 지켜내고 있는지 생각한다.

내 속에 있는 본능을 시험하는 흰색의 실명에서 성공하고 싶다. 이성이 지배하는 선함으로 나를 잡아두고 싶다. 지금껏 내가 보이는 것을 안 보려고 했던 것은 무엇이며 앞으로도 보고 싶지 않은 것은 무엇일까? 애써 안 보려 했던 것은 보고 싶지 않은 것이다. 어쩌면 스스로 흰색 실명을 원할 것이다. 내 본능을 쥐고 흔드는 실험대 위에서 놓여날 때까지 그럴 것이다.

어느 날 내 안의 눈이 떠질 때 내 배설물들로 인하여 더럽혀진 생을 보아야 한다는 것이 덜컥 겁이 난다.

---

* 『눈먼 자들의 도시』, 주제 사라마구, 정영목 옮김, 해냄사, 2015.

저녁에 찾아온 이름

초등학교에 입학한 딸이 반려 동물을 키우자고 성화였다. 그러더니 등하굣길에 만난 애견 가게 반려견들에 푹 빠졌다. 유리문 앞에 쪼그려 앉아 구경하다가 학원 가는 시간을 자주 놓쳤다. 어떤 날은 털을 깎는 애견사를 돕는 보조 노릇을 하였다.

외출에서 돌아오면 제일 먼저 달려와 마중하는 강아지와 고양이의 모습들은 사랑스럽다. 그러나 집안에서 애완동물과 함께 지내는 것은 내키지 않는다. 바닥에 뒹구는 사람 머리카락도 참기 힘든데 그 많은 털이 옷이며 침구에 붙고 날릴 것을 생각하면 엄두가 나지 않는다. 누군가 '동네가 살만한가'의 척도는 길고양이에 있다고 했던가? 척박한 동네일수록 길고양이들이 앙칼지다는 것이다. 도시에도 길고양이들은 많지만, 그들과 공존할 생각을 가진 이는 많지 않다.

　시댁은 마당도 넓고 잔디밭도 풍성하다. 어디서 왔는지 얼룩무늬 고양이는 새끼까지 낳아 일가를 이루었다. 어머니께서 생선 부스러기를 모아 테라스 위에 놓아두면 금세 대가족이 된다. 낯선 내가 가까이 가면 고양이들은 긴장하며 음식을 먹지 않는다. 이런저런 이야기로 말을 걸지만, 반응은커녕 경계의 눈빛이 또렷하다. 어머니께서 한 마리 고양이를 지목하셨다. 뜨내기 고양이들이 대부분이지만 제집인 양 눌러살고 있다는 것이다. 쓰레기 봉지를 뒤지지 않아도 되니 그나마 다행스러운 처지다. 시댁은 냉장 컨테이너를 창고로 쓰고 있어 쥐를 걱정할 필요가 없다. 먹이 접시를 챙기며 어머님이 고양이들을 돌보고 있는 이유는 생명을 소중하게 여기는 또 다른 모성애가 맞을 것이다.

　시댁에 갈 때마다 음식을 들고 나가 얼굴을 좀 트고 싶었다. 온몸이 하얀 고양이가 오기를 기다렸다. 연초록색의 눈망울과 긴 목 탓에 모딜리아니의 연인이 떠오르는 고양이다. 꼬리를 물음표로 들어 올리고 빤히 쳐다보는 눈빛을 보고 있노라면 마력 같은 흡인력에 무섭기조차 하다. 고양이의 눈도 영혼의 창이라 할 수 있을까? 모딜리아니는 동공과 영혼을 같은 선상에 두었지 않은가. 강아지들의 눈빛이 순진무구한 애정의 갈구라면 고양이의 눈빛은 세상 이치를 꿰뚫은 날카로움이다.

그러고 보니 흰 고양이는 이름이 없다. 국적을 불문하고 애정 어린 이름을 지어주며 식구처럼 생각하는 지금은 그야말로 반려 동물의 태평성대가 아닌가. 저리 귀티 나는 순백의 밍크 옷을 공작부인처럼 차려입고도 '나비'라는 정체성 없는 이름으로 불리다니. 여기저기 떠돌다 겨우 시댁 마당에 정착한 고양이에게 걸맞은 이름을 뒤진다.

생선 부스러기를 담아 테라스로 나갔다. 초저녁 유난히 빛나는 별 하나가 눈썹을 떨어가며 우리 집을 비추고 있다. 하현달이 성모 마리아 얼굴처럼 비긋이 고개 숙이며 지켜보는 밤. 내가 지은 이름으로 고양이를 부른다. 흰 고양이가 어슬렁거리며 다가온다. 내민 음식 접시에 막 돋아난 분홍빛 혀를 내민다. 사랑하는 모든 것들이 그렇듯 '지금 이생이 아니면 언제 다시 만나 사랑할 수 있겠니.'

'달비야, 너를 부르면 하얀 발목 앞세우며 사뿐히 걸어 오너라. 나는 너의 둥근 이마를 쓰다듬고 너는 내 무릎을 지나 내 옆에 등을 기대거라. 마당 안에서 발끝에 피도 흙도 묻히지 말고 달빛 바라보며 흰 눈처럼 살다 가거라.'

너와 나 사이에 이름이 있다는 것은 드디어 관계를 맺기 시작했다는 것이다. 어찌 보면 이런 것이 각박한 세상에서도 '그럭저럭 살 만한' 공존의 모습이지 않겠는가.

동리凍梨

해가 지고 어스레해지니 기와집 문풍지에 노란 불빛이 번진다. 산기슭에서 검은 등 뻐꾸기 소리가 달빛에 업혀 장독대로 내려앉았다. 더듬더듬 늦은 저녁상을 차린다. 둥근 밥상에 찬 두어 가지와 누룽지 두 그릇을 올린다. 식은 밥 한 덩이를 지나온 시간에 말아 훌훌 삼키는 소리가 빙그르르 밥상을 훑는다. 별스러운 것 없는 저녁이다.

아랫집 청배 나무에 초여름 바람이 잦아든다. 주인 잃은 꽃잎이 봄내 힘없이 쪽마루에 쌓였을 터다. 작년 봄에 떠난 아랫집 할머니는 요양원에서 기억을 하나씩 잃어가고 있다. 병원비 걱정에 자식들이 전답을 내놓았다는데 거간꾼이 나서지 않으니 흥정했다는 소문이 없다. 제사떡이며 팥죽이 담 너머로 오가던 이웃사

촌이었다. 구순한 정이 사라진 골목은 이제 안주인들 따라 함께 늙어 버렸다.

밤바람이 훈훈하다. 텃밭에 채소 모종을 심어야 하는데 작년 가을, 겨우 붙여 놓은 어머니의 허리뼈가 말썽이다. 자식들 성화에 몇 마지기 농사는 사돈집에 수세를 놓았다. 심심하지 않고 아파도 아픈 줄 모르기에는 밭일이 그만인데 꼼짝없이 집에 갇힌 신세다. 종일 삐걱대던 허리 통증이었다. 밤이 되니 더 도지는지 서랍을 뒤져 파스를 찾으신다. 비닐을 떼고 짐작이 가는 꼬리뼈 쪽으로 붙였다. 이렇게 붙여봐야 소용이 있겠는가. 닳은 뼈들은 늙은 삭신을 붙들고 밤낮 아우성치리라. 살살 달래야 곁방살이로 같이 살 수 있을 것이다.

겨우내 경로당 가는 길에 잡고 다니던 손수레가 처마 밑에 멈춰있다. 끄르렁거리면서도 가자는 대로 잘 굴러갔다. 바쁜 철이 되니 사람 구경도 어렵다. 갈수록 여름밤은 짧아지고 쓸쓸함은 길어진다. 마당에 오는 빗소리도 참새 소리도 반가운 손님이다. 제일 듣고 싶은 소리는 사람의 발소리다. 무장 무장 기다려지는 소리는 사람의 목소리다. 설핏 "대평댁 뭣하요?" 반가운 소리가 환청처럼 들린다. 골목 쪽으로 고개를 기울여도 신발 끄는 소리는 없다.

늙으면 만사가 귀찮아져 사람도, 재미나는 일도 시큰둥할 거로 생각하지만 어찌 매번 그렇기만 하겠는가. 어머니 혼자서 이 넓은 집을 지키며 수십 년 세월을 보냈다. 열네 살에 시집와 여덟 자식을 낳고 기르며 이 마당 안에서 소신공양을 다했다. 마른 거죽 같은 가슴일지라도 뻐꾸기 우는 오늘 같은 밤에는 그리움도 한 조각 일어나리라. 매번 자식들에게는 심심해도 외로워도 "괜찮다, 걱정하지 말아라."로 말을 바꾸셨다. 고독함과 쓸쓸함을 정확하게 버무린 어휘를 평생 배우지 못하셨다. 하기야 준 것을 되받으려는 셈법이 사시는 내내 없었고 오늘도 화수분 같은 가슴은 줄 것을 뒤지고 있으시다. 귓등에 쌓여있는 잔소리들의 합은 여전히 '사랑한다.'로 모여 우리를 보듬는다.

 손때 묻은 사진첩을 꺼내셨다. 수백 번을 봤는데도 이야기는 계속된다. 이제 살아있는 사람을 찾기가 더 힘들다. 옛 사진 속에서 한창때 깃발 날리던 쪽빛 시절을 끄집어낸다. 늙지 않는 사진은 추억으로 달리고 추억은 매번 아름답다. 하얀 이를 드러내고 있는 젊은 아버지 옆에 치맛자락을 움켜쥐고 수줍게 서 있는 어머니의 모습이 애틋하다. 큰딸 결혼사진 속에 어머니가 맵자하게 만들어 준 두루마기를 입으신 아버지. 젊은 시절 폐를 앓아 생사를 오고 갔던 숨 가쁜 기억의 무게가 흑백으로 침잠했다. 어머니는 아버지가 게워내신 붉은 요강을 비우며 마음의 문지방에서 수 없이 넘어지셨겠지.

마른 손끝으로 아버지의 얼굴을 문지르신다. 그리움으로 뭉친 심지 끝에 불을 붙이니 뇌옥 속에 갇혔던 사람들이 사진 밖으로 나와 말을 건네고 옷을 잡아당긴다. 가난했으나 젊은 날이었다. 조랑조랑 어린것들 거느리고 찍은 한 장의 사진 속에는 시련의 날을 안으로 옹그리고 있는 어머니의 얼굴이 있다. 행색은 초라하지만, 자식들을 건사해야 하는 의지가 눈빛에 또렷하다.

밤이 이슥하도록 불을 끄지 않았다.

"영감, 내 너무 오래 살았는갑소, 셋째 사위가 암이라요."

"아직 새끼들도 어린디."

사진을 보며 하소연을 하신다. 몇 주 뒤 구순 잔치를 작은오빠 사는 대처에서 치른다. 그러나 속은 자갈밭이다. 자식의 고통은 어머니의 고통으로 통하고 한숨은 또 한 송이 저승꽃으로 가슴에 응어리진다. 이 꽃의 향기는 어떤 냄새이길래 벌 한 마리 날아오지 않는 걸까. 살아 있는 한 지지 않고 지독하게 뿌리를 넓힌다. 세월을 견디는 이가 온몸에 피워내는 마지막 꽃이다.

거뭇거뭇 얼굴 위에 핀 저승꽃, 돌이끼처럼 관자놀이에 처음 돋더니 뺨으로 내려오고 손등으로 씨가 떨어졌다. 이제는 종아리까지 뿌리를 내렸다. 세월도 사랑도 눈물도 검은 꽃으로 응결해 온몸에 굳혔다. 병든 아버지의 약탕기를 품고 몸부림친 꽃 시절이 검은 옹이로 온몸에 박혔다. 겨울이면 기름 장사로 남도땅을 헤맸던 눈 덮인 젖은 발등에 얼어버린 배꽃이다. 시집살이 서럽게 시킨 할머니의 치매 끝을 닦으시며 밤낮 빨래와 씨름하던 손가락 마디 사이에 배꽃이 짓물렀다. 향기도 없는 언 배꽃이 안방 가득히 피어 있다.

봄밤의 텅 빈 골목, 고향집 장지문에 달빛이 훤하다. 개 짖는 소리조차 드문 밤이다. 밤늦도록 애타게 짝을 찾는 뻐꾸기 소리에 바람벽이 흔들린다. 참 오래도록 세상을 걸었다. 백 년이 코앞인데 귀도 먹지 않고 눈도 멀지 않고 정신도 말짱한 것이 복은 아닌 것 같다 하신다. 이제 아프고 슬픈 기억은 잊어도 좋으련만. 어쩌면 앨범을 수십 년 돌려보는 반추도 몇 번은 지겨우셨으리라. 가끔은 그리움도 물릴 때가 있지 않던가.

쿨럭거린 기침 소리가 잦아들고 가르랑거린 소리도 베갯잇에서 멈추었다. 처마 아래로 달빛이 깊게 내려앉았다. 열어놓은 장지문을 지나 미동도 없는 노곤한 노구 위로 온순한 바람이 닿는다. 이 바람이 내 살갗에 스며들어 나를 데려가면 주무시는 당신의 세계에 들 수 있을까. 어머니의 마른 손을 잡아본다. 얼어붙은 배꽃이 손등에서 한창이다. '언젠가 이곳도 저 달빛만 남아 비추고 밤바람은 빈집을 훑고 사라지겠지. 아궁이는 꺼지고 마당은 비워 두고 가겠지.' 내 영혼의 보금자리 안에 당신의 부재, 생각만으로도 저릿하다.

  꿈속에서도 짐보따리 이고 굽이굽이 세월의 강을 건너고 계실까. 얼어버린 배꽃이 꽃잎을 포갠다. 드디어 골목 안의 삼라만상이 주무시는 어머니에게 머리를 조아린다.

사소년사 思少年事

토석 담장 위로 능소화가 한창이다. 막무가내로 쏟아진 그리움이 저런 걸까, 꽃숭어리 떨어진 마당 안에 선홍빛 꽃물이 흥건하다. 그가 타고 놀았다는 왕소나무가 허리 굽혀 나를 맞는다. 계서당*을 한걸음에 달려온 안달난 내 연유를 아는 듯 제비 한 마리가 머리 위를 관통한다. 일기 한 줄로 나를 매혹 시킨 남자는 참으로 깊은 곳에도 숨었다.

계서 성이성의 암행일기들은 강직했다. 그러나 광한루를 찾은 어느 하루는 사뭇 다르다. 눈보라가 휘몰아치는 섣달 초하루, 기생 여진을 물린 후 광한루에서 밤이 깊도록 잠을 이루지 못했다고 적고 있다. 대숲으로 쏟아지는 함박눈만이 그를 지켰을 겨울밤. 희끗희끗 초로의 사내는 누마루 돌난대에 걸쳐 앉아 무슨 생각을 했을까. 일기는 자세한 정황을 기록하고 있지 않다.

공직에서 물러나 고향으로 돌아가는 길, 작심하고 광한루에서 멈춘 한 사내의 이야기가 내 여행의 시작이었다. 이몽룡의 생가를 찾아 지도를 더듬은 나의 시작점은 춘향사당이 있는 광한루요, 끝점은 계서의 종택이다. 성이성의 젖은 일기가 역사적 사실이라면 실제 춘향이는 '춘향'이라는 이름으로 대명 된 어느 슬픈 처녀였지 않았을까. 그녀는 혼인을 맺어 종택의 높은 문턱을 넘고 싶었을 것이다. 남원이 고향인 내가 한 많은 처녀의 마음을 대신 품고 오르고 싶었다.

견치돌쌓기를 한 높은 사랑채를 우러러보았다. '계서당' 당호가 위용을 자랑하고 '전백당'의 편액이 고택의 높은 기상을 고스란히 보여 주었다. 종손 내외분은 암행일기 한 대목에 반해 달려왔다 하니 반가워하셨다. 인자한 종손의 얼굴을 살피며 이몽룡의 얼굴을 그려보았다. 대청마루 천장에는 나무작대기 하나도 함부로 취하지 말라는 조상의 가르침의 상징물이 걸려 있었다.

청백리 가문인 후손의 긍지가 종손의 이마에 흘러넘쳤다. 자신의 이익을 탐하지 않고 백성을 위해 평생을 바친 선조의 애민과 공정을 종손은 강조하셨다. '계서가 부사였던 아버지를 따라 남원 고을에 오 년을 머물렀으니 춘향이와의 사랑 얘기가 실제 있었지 않았겠냐.'라는 물음에 고개를 끄덕이며 빙긋이 웃으셨다. 춘향전의 모티프를 간직한 종택의 흥미로움과 남원을 배경으로 하고 있다는 연관성 때문인지 친근함이 더했다.

　남원골에서 나고 자란 여자는 타향에서 자주 춘향으로 불린다. 고향을 소개하다 보면 춘향전 얘기가 빠질 수 없는 이유에서다. 젖먹이 때부터 초파일마다 어머니 포대기에 업혀 춘향제를 다녔다. 광한루와 오작교는 옥황상제가 사는 궁전이요, 이상 세계다. 어린 시절 할머니는 가끔 무서운 『춘향전』을 들려주셨다. 광한루에서 자결한 춘향이와 원한이 쌓인 처녀 귀신의 얘기였다. 원혼을 달래기 위해 춘향전을 지어 굿을 해주었더니 고을의 재난들이 사라졌다는 오래된 남원의 전설이었다.

　서른셋에 과거에 합격하여 네 번의 암행어사를 지냈던 성이성. 그의 공적비마다 '백성의 어버이'라는 칭송이 새겨져 있다. 오죽하면 관서 지방의 살아있는 '부처'로 불렸겠는가. 고관대작과 지역 세력자의 눈치를 살피지 않고 백성들의 고단한 삶을 위로하였던 그는 어진 목민관이었다. '금잔의 술과 안주는 천 사람의 피요, 만백성의 기름이라' 꾸짖었던 이몽룡의 칠언절구는 성이성의 청렴한 행적과 묘하게 겹친다.

　사람은 자신이 겪은 슬픔을 통해 타인의 슬픔을 배운다는데 계서가 공부한 방대한 슬픔은 공덕비로 증명되고 있다. '야심불능매 夜深不能寐', 이는 타자의 슬픔을 자신의 불면으로 바꾸는 순간이다. 광한루 뜰이 쓸쓸함으로 만조를 이루고 회한의 소용돌이로 들어가는 계서의 시린 등을 상상해 본다. 세상 천하 강직한 암행어사가 눈물의 로맨티시스트가 되는 이 지점에서 나는 한 인간의 가장 맑은 감정을 읽는다. '사소년사야심불능매 思少年事夜深不能寐'라는 세로줄 한 대목에 내 시선과 생각이 오래 멈추었다.

열여섯 처녀의 간절한 사랑을 신분의 벽으로 외면한 계서의 회한을 지금의 내가 수긍하는 이유는 무엇일까. 인간의 보편적 감정을 이해하는 공감 때문이리라. 계서가 잠 못 드는 이유를 광한루 곳곳에 스민 젊은 날의 흔적 때문임을 짐작하는 나는 그의 슬픔을 이해하는 독자다. 일기 한 대목 몇 글자 안에서 삶의 궤적을 아프게 더듬는 계서의 마음이 만져진다. 아무렴, 자신에게 주어진 삶을 쫓아가자면 사사로운 인연 하나쯤은 외면해야 했겠지.

칠순이 넘으신 계서당 종부님이 텃밭에서 딴 살구를 내미셨다. 봉제사 접빈객의 규율을 지키느라 마디마디 거친 손이시다. 청렴한 가문의 정신을 받들어 모시느라 허리가 다 굽으셨다. 안채 처마 밑으로 제비가 날아들었다. 미물인 제비도 새끼 낳을 곳은 잘도 알고 있다. 명망 높은 고택의 망와마다 목숨 '수壽'로 새긴 뜻을 아는 모양이다. 명주실처럼 내려온 가문의 비화가 궁금했다.

처녀를 모시던 하인이 한 번 찾아왔는데, 성이성의 아버지 부용당이 집안에 들이지 않고 돌려보냈단다. 신분의 격차가 지엄했던 조선 중기, 혼인을 불허하는 대신 그녀에게 자신의 '창녕 성씨'를 내려 주었다고 한다. 그러니 처녀에게 내려진 '성成'은 깨어진 사랑의 엄청난 무겟값이지 않겠는가. 이후 계서의 연인은 어떻게 되었을까. 어쩌면 유교 사회의 올무는 처녀를 죽음으로 내몰지 않았을까. 겨울밤 계서가 노기 여진에게 들었던 기막힌 사연도 이것이지 않았을까.

바라지창을 열어 시원한 대청마루에 앉아 종부님과 옛날이야기를 나누는 사이 마음속에 숨겨왔던 처녀의 귀밑머리가 환해졌다. 떠나고 싶은 자 떠나게 하고, 잠들고 싶은 자 잠들게 하고 남은 시간은 침묵하라던 한 시인의 사랑법이 안마당에 스쳤다. 침묵하는 사랑, 담벼락에 구멍을 내서라도 묻어버려야 하는 사랑. 계서의 사랑이 그러했을 것이다. 지금은 양반 가문의 수치라고 여겨 대대로 함묵했던 그의 이야기가 후손에 의해 밝혀지는 아이러니한 시대다. 이몽룡의 사랑이 침묵 되지 않는한 계서의 애절한 진실 또한 비밀이 되지 못할 것이다.

많은 형식을 빌려 춘향의 사랑을 기리는 지금, 계서당에 방문

객도 끊이지 않는다. 사람들은 암행어사 이몽룡을 떠올리며 마당에서 서성인다. 그러나 허구의 인물 안에 한 남자의 눈물이 아홉 글자로 숨어 있다는 사실을 아는 이가 몇이나 될까. 인생의 무상함은 시대를 초월한다. 예술 또한 시대를 초월하여 진실의 흰 뼈를 어떻게든 드러내지 않던가. 그 흰 뼈들이 내게 말을 건다. 대문을 나서면서 어사화 몇 송이를 꺾었다. 아무래도 이 여름이 가기 전 광한루를 한번 다녀와야 할 것 같다.

---

* 계서당: 경북 봉화군 물야면 가평리.
　　　　1613년 건립된 조선 중기 청백리 성이성의 종택. 이몽룡 생가로 알려져 있다.

에덴을 부수다
— 『다섯째 아이』 *

「길 떠나는 가족」은 남자의 소박한 꿈이었다. 소의 목에 꽃다발을 두르고 달구지에 두 아들과 아내를 싣고 있다. 얼마나 기분 좋은지 황소의 앞발은 깨금발이다. 가족을 데리고 경쾌한 발걸음으로 남쪽을 향하는 이는 누가 봐도 이중섭이다. 구름과 아이들 손에 들려 있는 새와 꽃은 희망과 행복을 상징하는 것으로 짐작된다. 헤어져 있는 가족에게 그려 보낸 작은 그림에 부성애가 절절하다.

실재의 현실이 아닌 이상향의 바람을 재현한 그의 표현주의적 그림은 또 있다. 은박지에 새긴 작품 「낙원의 가족」에는 꽃과 복숭아가 탐스럽고 그 속에서 벌거벗은 아이들은 평화롭다. 전쟁과 가난으로 가족과 헤어져 행려병자로 죽은 그의 비극적 결말과 대조하면 슬픈 그림이다. 도원에서 복숭아를 먹고 게와 생선과 노는 아이들의 풍경은 그의 에덴이었을 텐데 그는 유토피아를 이루지 못했다.

세상의 모든 결혼생활은 녹록지 않다. 낭만적 설정으로 결혼을 시작했으나 조각난 거울처럼 실패를 기록한 소설, 『다섯째 아이』는 빅토리아식 저택에서 많은 아이들과 행복하게 크리스마스 파티를 하고 부활절을 보내는 한 남자의 꿈이 펼쳐지는 것으로 시작한다. 하나 둘 아이들이 태어나고 아버지의 도움으로 사들인 저택에 맛있는 음식 냄새와 정원에서 뛰어노는 아이들의 웃음소리는 천국의 정원과 다를 바 없어 보인다. 적어도 다섯째 아이 벤이 태어나기 전에는 말이다.

낭만적 상상 속에서 출발했지만, 현실의 괴로움 사이에서 헤매는 어머니 해리엇의 갈등이 내면적 발화자로 섬세하게 지면을 채우고 있다. 복중에서부터 괴롭혔던 아이, 저항하고 버둥대고 공포심을 유발하는 막내 아이를 모든 가족은 거부한다. 비정상적인 아이를 낳았다는 이유와 격리시설에 버린 아들에 대한 죄책감은 해리엇에게만 편중되었다. 죽어가는 아들을 다시 데려온 어머니의 모성을 비난하는 가족들. 죄를 지은 것도 아닌데 불행의 모든 원인을 그녀에게 몰아버리는 사람들의 폭력적 태도가 그녀와 가족의 사이를 벌어지게 한다.

　벤을 정상 층의 궤도에 올려놓으려고 애쓰는 사이 에덴동산의 담들은 하나씩 무너져간다. 처음부터 이상적인 가정을 강하게 꿈꾸던 사람은 남편 데이비드였다. 그는 부모의 이혼으로 인한 심리적 결핍을 북적대는 가정으로 채우고 싶어 했다. 강한 바람이 휘몰아치자 흔들거렸다. 다섯째 벤의 등장으로 인한 최대의 피해자는 넷째 아이 폴과 붕괴되어 가는 부부의 관계다. 벤을 버리지 않은 대가로 가족들과 헤어지고 멀어지는 과정에서 인간의 휴머니즘, 가족애에 대한 맹신은 덧없이 사라진다.

　"영원히 여성적인 것이 우리를 이끈다."라는 괴테의 말을 떠올려본다. 사랑과 풍요로움이 넘치는 가정을 욕망하는 것은 온전히 무해하다. 생명을 잉태하고 품는 여성성의 거룩함은 찬양받아 마땅하다. 모든 것을 품는 여성적인 토양에서 행복을 추구하는 일. 그것을 지키기 위해 일하는 남성적인 것들의 고정관념은 너무 오래된 인류의 약속 아니던가. 그러나 그 약속이 얼마나 허술한 것인지 허를 찌르는 작가의 비수가 돋보이는 작품이다.

　가정마다 숨기고 있는 다섯째 아이는 가지각색일 것이다. 이중섭 화가에게 전쟁과 가난이 다섯째 아이였듯이 누구나 다섯째 아이는 참을 수 없는 문제 덩어리다. 그 때문에 사람들은 더러 철이

들기도 하고 어른이 되어가며 삶의 진리에 겸손해지기도 하지만 말이다. 가끔은 현실에서 벌어지는 문제들은 끝까지 문제로 남기도 한다. 누구나 한 명쯤은 숨기고 있을 다섯째 아이, 바라지 않았다고 낳은 아이를 버릴 수 있는 사람은 몇이나 될까?

이십여 년 전 딸을 임신했을 때 기형아 검사에서 이상소견을 발견했다. 큰 병원에서 양수 검사를 받아보라고 했지만, 주삿바늘이 혹여나 아이를 다치게 할까 봐, 아니 그럴 리가 없다는 자만에 가까운 믿음으로 검사를 하지 않았다. 다운증후군 아이라 해도 낳아서 키우리라 마음먹었다. 특별한 아이를 평범하게 키운다는 것이 어떤 십자가인지 가늠을 못 한 무지의 시절이었다. 유명 정치인의 딸과 드라마에 출연했던 정은혜 작가를 생각해 본다. 그네들을 잘 키워낸 이 땅의 어머니들을 존경한다.

꿈꾸던 에덴을 잃고 변이된 종족인 벤을 있는 그대로 보기로 작정하는 해리엇은 벤을 두고 가장 어둡고 비극적인 끝을 예견하고 있다. 고통을 이기는 방법으로 정신 승리 같은 마음의 작용에 기대지 않는다. 휴머니즘이나 인간성에 대한 믿음과 맹신을 가장 기만적인 것이라고 비판했던 작가의 생각이 묻어나는 대목이다. 특별한 종족으로 벤을 인식하고 특별함을 인정하며 내려놓는 해리엇 내면의 독백이 쓸쓸하다.

작가는 서사를 통해 재현된 현실을 그리고 있지만 실제와 벌어지는 간극을 최대한 좁혀보려 했다는 것을 알 수 있다. 독자는 해리엇의 고통을 함께 느낄 수 있다. 폐허가 된 빅토리아 저택에 홀로 버려져 절망적 현실을 인정하는 초췌한 해리엇의 독백은 그럼에도 희망적이다. 그제야 해리엇은 온전히 자신과 대면하기 때문이다. 자신만의 단단한 인생의 집을 다시 짓기 위해 허울뿐인 에덴을 부수는 일이 결코 절망적이지만은 않다.

세상 속 해리엇들에게 건승을 빈다.

---

* 『다섯째 아이』, 도리스 레싱, 정덕애 옮김, 민음사, 1999.

소설小雪

휘모리장단으로 노래 부르다 손 털고 떠나버린 은행나무 우듬지 위로 눈송이 두어 개가 흩날린다. 제대로 눈은 내리지도 못하고 흐리기만 한 오후, 방금 도착한 비닐봉지를 멍하니 본다. '기어이 보냈구나. 뚝배기에 끓여 맛있게 먹어 주는 것이 보내준 이의 마음일 텐데'. 단톡방에 "오늘 집에 없으니 가지고 오지 말아요."라는 다른 신우의 글은 이 선물을 받는 모두의 복잡한 마음을 대변한 것인지도 모른다. 병든 몸을 이끌고 아내와 아이들을 데리고 산속으로 들어갔던 지음의 아내가 보낸 선물이니 말이다.

지음의 고향은 남해 어느 섬, 그는 붉은 동백이 뚝뚝 산화하는 숲속에서 산양처럼 자란 섬 소년이었다. 해당화가 모래 둑에 옹기종기 피어있는 오지의 섬은 아름다웠지만 춥고 가난하였다. 어머니를 잃고 섬에 남은 동생들은 아버지를 따라 멸치잡이 어부다. 그러고 보니 지음도 사람을 낚는 어부였다. 까만 머리카락에 거짓말처럼 한 줌 흰머리가 이마 위로 나 있던 사람. 우직한 손가락으로 흰머리를 쓸어 넘기면 포말처럼 흰 물결이 눈썹 위로 퍼졌던 파도를 이고 있던 남자. 그렇게 강단에서 환하게 빛나던 분이었다.

지음이 병원 안에서 힘겨워할 때 마지막 잎새를 그의 창문에 그려주고 싶었다. 한 계절만 더 달라고 기도했다. 비록 가난하지만, 따뜻한 아궁이가 있는 그의 산속 오두막으로 돌아가기를 빌었다. 셋집 옥상에 푸성귀를 기르던 그의 정원으로 제발 되돌려 주시기를 바랐다. 사람을 낚는 어부의 길에서 밀려나기에 너무나 젊은 그는 늑골 한쪽이 무너져 가면서도 바위처럼 의연했다.

지난봄, 모처럼 환한 햇살이 좋아서 우리는 지음을 만나러 가자고 마음을 모았다. 병원비를 보태기 위해 묵직한 봉투를 준비하고 과일과 아이들 간식을 마련하였다. 모두 밝게 웃으며 지음의 수다를 들었다. 산속에서 묵언으로 지내다 오랜만에 도시의 지인들을 만난 터라 지음은 약간 흥분해 있었다. 얼굴빛도 편안해 보였다. 아프고 나니 모든 것이 다 선물 같다고 하였다. 지음 부부는 흔들림 없이 그렇게 마지막을 향하여 가고 있었다. 돌아오던 차 안에서 우리 모두 말을 잃은 지난봄을 기억한다. 어쩌자고 그 봄의 철쭉은 철없이 더 붉었는지 되새긴다.

  지음의 영정 속 한 줌 흰머리를 흐린 눈으로 보고 또 보았던 여름도 가고 오늘은 으슬으슬 춥고 쓸쓸한 소설小雪이다. 흩어지는 흰 눈을 잡아보려 베란다 밖으로 손을 가만히 내밀었다.

놋달챙이

 정지 안은 그을음이 세월과 엉겨 붙어 온통 시커멓다. 아궁이 세 개가 아귀 입을 벌리고 있고 잘 마른 나뭇가지들은 헛청에 쌓여 있다. 수수 빗자루로 정갈하게 쓸어놓은 바닥은 오래 치댄 반죽처럼 찰지다. 목욕물을 데우거나 메주콩을 삶던 무쇠솥과 들기름과 잦은 행주질로 길든 가마솥은 매초롬하게 윤기가 났다. 부뚜막 위 찌그러진 양푼 안에 감자 몇 알이 숨어있고 그 속에 이가 닳은 노란 놋달챙이가 수줍게 숨어 있다.
 아궁이에 불쏘시개로 가리나무를 넣고 성냥을 푹 그어 대면 화르르 불이 번졌다. 이때 솔가지와 삭정이를 뚝뚝 분질러 올린다. 불땀이 약한 장마에는 쓸려 들어갔던 연기를 다른 아궁이로 토해냈다. 매캐한 연기로 금방 부엌은 자욱해진다. 불을 때다가 눈물을 훔쳤고 매운 냇내를 못 이겨 뒤꼍으로 뛰쳐나가기 일쑤였다.

쌀을 씻어 안치고 손을 담가 물의 양을 잰다. 김이 나고 솥뚜껑 밑에서 밥물이 넘쳐 오르기까지 이제부터 어머니의 손이 바쁘다. 양푼 속에 들어 있는 감자 몇 개를 득득 긁어 놓고 쌀뜨물에 달걀 몇 개를 넣어 휘휘 풀어 놓는다. 밥물이 끓으면 솥뚜껑을 열고 감자며 달걀 대접을 올려놓고 재빨리 뚜껑을 닫는다. 여름날에는 어린 호박잎과 가지를 밥 위에 얹는다.

삭정이 숯이 벌겋게 이글대면 아궁이에서 불을 빼고 잉걸불 위로 석쇠에 조기 두어 마리를 굽는다. 짭조름한 꼬순내가 퍼진 생선 냄새에 누렁이가 정지 문턱을 넘어오려 한다. 부지깽이로 문턱을 치며 아직 저 먹을 순서가 아님을 알린다. 생선 비늘을 벗기는데 놋달챙이의 날은 요긴하다. 우둘투둘한 껍질을 두어 번 긁어 대면 조기는 반들반들한 배를 내민다.

대나무로 엮은 살강 위로 대접과 밥그릇들이 속을 말리고 있다. 듬성듬성 뚫린 구멍 사이로 젓가락이 자주 빠졌고 놋달챙이는 머리가 끼여 외발이 대롱대롱 흔들리기도 했다. 더럽고 두꺼운 껍질을 벗겨 내느라 제 잇몸이 닳아 예민한 날로 벼려졌고 설거지통에서 함부로 대해지면 주인의 손끝을 야무지게 베어 물기도 했다.

못밥을 내는 날, 가마솥에서 훌륭하게 눌은 누룽지가 솥 모양 그대로 박혀 있다. 솥 바닥을 빙 둘러 긁어 올리며 뚝 일으켜 세우는 재주쯤은 놋달챙이에게는 식은 죽 먹기다. 늦가을 밤, 마루에 올려 있던 늙은 호박을 함박에 들여놓고 드득드득 껍질을 벗긴다. 호박범벅이 되거나 호박고지를 넣은 팥떡이 되어 돌아올 붉은 호박. 윗목에 쪼그리고 앉아 긁다가 꾸벅꾸벅 졸면 한 시도 쉴 틈이 없던 어머니의 손이 잠시 휴식을 얻는다.

그사이 옆집 할머니가 이가 다 빠진 합죽이 웃음으로 마실을 왔다. 남창 할머니는 빈손으로 놀러 오시는 법이 없다. 텃밭에서 기른 아욱 한 줌이나 상추 한 소쿠리, 쑥버무리나 애호박전을 들고 오신다. 오늘은 손에 무엇이 들려 있나 아랫목에서 숙제하다 힐끔거리기도 했다. 탁주를 즐겨 하시는 할아버지 때문에 심심하지 않을 주전부리가 할머니 집에는 항상 있었다. 호박 긁어 대는 소리와 할아버지의 시앗 얘기가 다듬이소리처럼 죽이 맞는 밤. 졸음에 겨운 나는 눈을 끔뻑이며 언제 주무실지 모를 엄마를 지켜보았다.

마당에서는 휘 휘 바람 소리가 떠돌고 이리저리 쓸리는 검불들과 나뭇잎들이 토방 아래로 몰리는 소리. 누런 호박이 제 붉은 살을 드러내고 얄팍얄팍하게 썰려 채반 위로 올려지던 밤을 생각한다.

용머리 고개를 넘어와 고미술품을 파는 가게를 들렀다. 고려적 같은 역사와 사연을 웅숭깊게 품은 물건들이 수북하다. 그 속에서 유난히 눈에 띄는 얼룩 앉은 놋숟가락 하나를 들었다. 채소 다듬이 칼이 두서너 개가 내 부엌에 걸려 있긴 하지만 이 놋숟가락을 들여놓으면 내 아파트 주방에도 수십 년의 역사가 담겨 들어와 품위가 격상할 것이다.

싹이 난 퍼런 감자 한 알도 내치지 않았던 검약의 미덕이 깃든 놋달챙이는 내게 언제쯤 만들어질까. 나의 놋숟가락을 가만히 보고 있으니, 밥물이 오르기 전에 바쁘게 긁혀져 우리의 입속으로 들어간 수많은 열매와 가을밤의 호박 긁는 소리와 스산한 바람 소리가 쓸려 들어온다. 수십 년 전 유년의 그리운 향기가 묻어 들어온다. 지금은 집도 주인도 없는 터에 잡풀이 우거진 남창 할머니의 한 많은 시앗 얘기가 넘어온다.

찌그러진 양푼 속에서 서럽게 닳고 있었던 못난이 숟가락과 따뜻했던 아궁이와 길이 잘 든 가마솥들. 시커먼 사각 정지 안에서 끓이고 잦힌 불목들과 함께 늙은 놋달챙이의 일생이 서글프지만은 않을 것이다. 어머니 무명 치마폭에 싸여 한평생을 사랑받았으니 흐뭇할 것이다. 두꺼운 껍질을 제 한 몸의 날로 긁어내고 썩어 들어가 짓무른 속살 언저리는 뚝뚝 파내었던 놋달챙이. 아픈 곳과 성한 곳 그 경계에서 야무진 제 이빨을 내어 핥아주고 베어 물었던 차지 않은 달빛의 의기義氣.

나의 부엌 한쪽에 어설프게 꽂혀 있는 놋숟가락이 역사는 품고 왔지만 쓰일 일은 좀처럼 드물다. 아직은 내 부엌에서 그야말로 데려온 자식 꼴이다. 뚝뚝 뜨거운 눈물을 흘리는 솥뚜껑 옆에서 어머니의 부산함과 바지런한 모습이 겹치어 오지만 뜨겁지도 질펀하지도 못한 내 부엌에서 놋숟가락은 벌을 서고 있는 듯하다.

이제 온갖 채소의 껍질을 벗기고 삶고 끓였던 어머니의 정지도 당신과 함께 늙어서 멈추어 있다. 당신만의 것, 자신의 놋달챙이를 언제 잃어버렸는지 기억조차 못 한다. 살 수만 있다면 엄마의 푸른 시절을 훔쳐 먹은 퍼런 녹을 긁어낼 달챙이 하나를 더 들여놓고 싶다.

4부

기도 등대의 지문 | 어등魚燈 | 참꽃 불러오기
한 철 머무는 마음 | 홍어 한 접시 | 도로 눈을 감으시오
빛의 신성 | 강 건너는 먹감나무 | 끝이 있는 길 | 파랑새

기도 등대의 지문

 타오르는 불기둥이다. 두 손끝에 등을 올리고 얼마나 빌었는지 열 손가락이 모두 벌겋다. 강고한 방파제 위에 암염처럼 붙어 간절히 기도하는 등대라니, 사람이라면 누구나 가슴속에 하나쯤은 두고 있을 거룩한 신전 같다. 엄숙한 등대로 인해 주눅 든 우리는 우선멈춤을 했다. 언제부터 섬의 앞바다를 오룡묘의 무녀가 아닌 합장한 기도 등대가 지키고 있었을까. 바닷바람도 등대 꼭대기에서 묵념 중인지 잔잔한 파고가 얕게 너울거린다.
 명사십리로 눈길을 돌리는 순간, 긴장이 풀린 바닷바람이 등대 끝에서 성급히 내려와 골목으로 뛰어든다. 우리도 덩달아 바람을 따라나섰다. 구불구불 들어간 섬 집마다 배를 가른 생선들이 대꼬챙이에 벌어진 속을 훤히 드러내고 있다. 속을 비운 고기 배 속으로 가을볕과 짠바람이 파고든다. 짭짤한 바람에 속을 비운 생선들이 처마 밑에서 알뜰하게 풍장을 하고 있다.

시멘트벽이 부서져 내린 골목 끝에서 바람이 다시 한번 주춤거린다. 목선을 따라 바다로 나간 남편의 빈자리를 메우는 아낙의 그물 손질을 훔쳐본 까닭이다. 한쪽으로 목이 기운 여자의 어깨에 삶의 무게가 올라앉았다. 살아내느라 잃어버린 순한 마음을 그물과 함께 꿰매고 있을까, 옆에서 해찰하는 어린 아들의 이름을 부른다. 볼이 빨갛게 익은 아이가 엄마를 보고 빙긋이 웃으며 물코를 닦는다. 고기를 가득 실은 아이 아버지의 목선은 언제쯤 집으로 돌아올까. 임을 그리다 바위로 굳었다는 망주봉 전설이 오늘은 이 집 마당 안에 고였다.

어스레한 박모가 섬마을을 점령했다. 동네 어귀를 떠도는 개 한 마리가 늑대로 보이는 시간, 배가 정박하는 선착장이 오늘은 한산하다. 벌써 마을 남정네들이 집으로 돌아갔을까? 푸른 힘줄에 어구를 채워 내일 첫새벽에 바다로 나가야 하기 때문이리라. 바다는 창세부터 캄캄한 비밀로 출렁였다. 바닷속 비밀을 잡으러 아버지의 아버지가 다닌 바닷길을 아들의 아들이 이어 가는 서해 앞바다. 그물을 던지는 어부는 바다가 주는 만큼 받아야 하는 숙명을 지녔다.

캄캄한 바다 위에서 고기를 잡는 어부는 하얀 보름달이 뜨는 밤에도 등대의 빛을 따라 항구로 길을 튼다. 비밀을 뚫어 주는 긴 광선이 휘휘 수면 위를 더듬으면 목선은 뱃머리를 쳐들고 집으로 향한다. 등대는 배를 끌어당기는 붉은 밧줄을 가졌다. 되돌아올 길을 보여 주고 어선을 끌어당기는 빛줄기를 밤마다 뱃머리로 던진다.

  풍진 바다를 헤매는 사람들은 어디서나 등대를 찾는다. 삶의 바다에서 표류하는 인생의 선장들도 빛나는 등대가 필요하다. 굴곡진 삶의 해안 어느 바위 위에서 불빛은 반짝일까. 저마다 밤을 밝히는 횃불이 타고는 있을까. 밤이 되자 등대가 켜지고 등주 모서리에 기대앉았다. 수평선이 사라진 밤바다를 보며 생각한다. 평생을 무릎으로 당신의 자리를 다지신 분, 두려움으로 표류할 때마다 찾았던 영혼의 등대, 돌아가신 아버지를 그려본다.

  만주 땅에서 얻은 고뿔이 쇠하여 결핵으로 번졌다고 하였다. 기침 소리가 새벽까지 울렸던 윗목, 할머니는 맏아들의 병환을 속울음으로 지켜보셨다. 몇 개월의 시한을 남겨두고 힘없이 누워 있는 가장을 보는 할머니의 심정은 어떤 말로도 그릴 수가 없다. 그렇게 생을 마칠 수는 없었던 아버지는 마지막으로 새벽마다 뒷산을 오르셨다.

홀로 산의 정적을 향해 외친 기도는 왜소해질 대로 왜소해진 한 사람의 뼈저린 몸부림이었다. 신 앞에 최대한 낮은 포복으로 엎드려 새벽공기를 가르는 통곡이었다. 자신을 전부 내려놓고 드리는 기도만이 하늘을 움직이는 것이라 믿었으리라. 결국 아버지는 지문이 찍힌 하늘의 송장을 받아내셨다. 병이 낫자 가족을 떠나 전쟁고아들을 위한 길로 들어가셨다. 나음을 기적이라 여겼고 기적에 대한 빚을 갚는 아버지 나름의 의식이었다.

전쟁으로 부모를 잃은 아이들에게 마땅히 배워야 할 사람의 도리를 가르쳤다. 자식들의 구멍 난 신발은 지나쳤어도 거리에서 구걸하는 아이들의 빈손은 지나치지 못했다. 손수 지게를 지고 흙과 돌을 나르며 땅을 일구고 밤에는 동네 아이들과 청년들을 모아 가르쳤다. 모든 호흡이 무거운 짐이었을 아버지의 가슴, 무너진 폐를 안고 달린 생에 대한 투지가 우리에게는 눈물겨운 가르침이었다. 거친 삶의 무게를 건사하느라 야윈 등이 활처럼 휘었던 아버지의 뒷모습. 갈비뼈가 다 드러난 마른 모습이 붉은 인장처럼 찍혔다. 청빈한 선비처럼 이름 없이 살아도 삶이 아름다울 수 있음을 배웠다.

밤새 등대는 불을 밝히느라 지쳤는지 꾸벅꾸벅 졸면서 아침을 맞는다. 먼바다에서 만선의 배가 들어온다. 모항으로 들어오는 배들은 뱃머리 품새부터 흥겹게 들썩거린다. 기다렸다는 듯이 바람과 갯비린내가 먼저 달려가 남정네들의 젖은 몸을 닦아준다. 어부 옆에 서 있는 아낙들은 한숨을 놓으며 바다가 내준 펄떡거리는 것들을 바구니에 쓸어 담는다. 포구에서 비린내를 흥정하는 아낙들은 밤새 붉은 기도 등대를 가슴에 들여놓고 두 손을 모아 빌고 빌었으리라. 이제 그녀들은 파도와 비를 잠시 잊어도 좋을 것이다. 기도 등대 또한 걱정으로 굳은 합장을 스르르 풀어도 좋으리라.

새벽바람을 앞세워 섬 둘레길을 걸었던 우리는 또 한 번 발길을 세웠다. 동쪽에서 뜨거운 태양이 수평선을 튕기고 있었다. 공처럼 통통 오른 아침 해가 창공을 기어오른다. 어부와 그의 아내와 물고기가 집으로 돌아간 선착장은 참으로 평안하다. 섬에서 하룻밤을 빌리고 합장한 붉은 등대를 보며 무너져 내린 마음을 추슬렀다. 몇 달 전 형부의 몸에서 검은 점이 발견되었고 수술하여 이제는 항암치료를 이겨내는 일만 남았다. 두려움에 떠는 언니의 손을 잡았다. 만신창이가 되어버린 언니는 수술실에 누워있는 형부를 두고 아버지의 기도가 생각났단다. 어쩌면 아버지가 유산으로 물려주신 유일한 빛의 지문을 다시 보았으리라.

사생결단이 내려진 날의 시커먼 뒷덜미가 아직 다 가시지 않았다. 어쩌면 비밀의 바다가 출렁이는 것은 저 바다나 삶의 바다나 별반 다르지 않을 것이다. 분명 도시에서 포효하는 욕망이 우리를 멀미 나게 했을 터, 부려놓지 못한 욕심이 따개비처럼 붙어 멀쩡한 속살을 파먹고 있었던 것이리라.

 섬에서 우리를 몰고 다닌 바람이 힘을 서서히 풀었다. 풀려난 바람에 의지하여 이제 섬을 나가야 한다. 우리의 바다, 출렁거리는 우리의 도시로 힘차게 출항해야 한다. 한 치 바닷속이 저승이었을 어부들처럼 병마와 싸웠던 하루들이 지옥이었을 아버지. 당신이 생을 다하는 날까지 희망을 놓지 않았듯이 언니도 함부로 소망을 내려놓지 않으리라. 뒤를 돌아보니 두 손 모은 기도 등대가 우리가 탄 배를 힘껏 밀고 있었다.

            〈2023. 등대문학상 수상작〉

어등 魚燈

　빨간 지붕이 대숲을 파고들어 지붕 위로 그늘이 길었다. 해산토굴이라는 택호를 걸고 여닫이 바다 끝을 굽어보고 있는 장흥 율산 마을 제일 높은 집. 주둥이로 긴 줄을 물고 있는 빨래집게가 주인 몰래 잘 익은 가을 햇살을 똑똑 따먹고 있었다. 잔디가 잘 깎인 마당 위로 푸른 하늘을 널어놓고 소설가는 딸이 있는 서울로 추석을 쇠러 가셨나 보다. 주인 없는 집에 허락 없이 들어갔으나 금목서꽃이 은은한 향을 내린 차를 완월정으로 내왔다. 늙은 나무 위에 빨갛게 눈을 뜬 감 몇 개가 감시카메라처럼 뒤를 바짝 따라다녔다. 밤새 보름달을 긷느라 날을 샜는지 달 긷는 집은 대문을 콕 걸어 잠그고 단잠에 취해 있었다. 빼꼼히 열린 창문 뒤로 고요한 정적이 감돌았다.

자주 잠을 못 이루며 거실을 서성인 작가가 운명의 버거운 짐을 한탄한 창문을 오래도록 보았다. 그런 날 달빛은 몰래 들어가 길 잃은 그와 어둑한 길을 평생 함께했으리라. 여닫이 바다 위에 너울거리는 달빛을 매일 글 바가지로 길어내면서 시를 짓고 삶을 새겼지 싶다. 달을 긷는다는 것과 글을 긷는다는 것이 무엇이 다르랴. 그래서 작가의 집에는 산과 바다와 들과 하늘이 들어차 있고 짠물을 털고 가는 바람이, 눈물을 말리는 햇빛이 함께 모여 있다. 그것들이 목선을 만들어서 작가를 태우고 처음으로 출항했으리라.

내게도 불행이 한꺼번에 휘몰아칠 때도 있었고 그 어떤 위로의 말도 소용없게 되던 때도 있었다. 자신을 지키기 위해 절박하게 몸부림치다가 침묵으로 담을 쌓은 날도 많았다. 그것은 애써 "괜찮다."라는 거짓말은 하기 싫어 스스로 입을 닫아버리고 내가 선언한 묵언수행 같은 것이었다.

세상으로부터 도망치고 싶을 때 책을 보며 그 시간을 버텼다. 모든 답을 거기서 찾아보겠다고 조바심을 냈다. 종이에 싸인 수많은 이야기 속에서 세상을 보는 나만의 창문을 만들었다. 책이 준 것은 해답보다는 세상에 대한 이해였다. 옳고 그름만으로 따질 수 없는 수많은 것들의 존재를 알게 하는 훈련이었다. 어떤 것은 질문에 질문이 꼬리를 물며 나오기도 했다. 이런 과정에서 가슴 깊이 숨어있는 나 자신의 슬픔과 마주하며 위로하였다. 멀쩡해 보이는 사람들도 다들 그렇게 살고 있다고, 모두가 다르지 않다고 다독이면서 말이다. 글이 등이 되어 나를 끌고 다녔다. 반짝이는 문장은 빛이 닿지 않은 내 속을 인도해 주는 어등語燈이었다.

해산 토굴 주인의 시를 바닷가 산책로에서 만났다. 사람과 사람의 마음을 잇대는 글 짓는 작업은 체증의 답답함으로 날을 새는 고통과 같다고 말했다. 다들 달게 자는 새벽에 깨어서 이렇게 살아 어쩌겠다는 것인지를 묻고 또 묻고 있었다. 새벽 바다에서 그물줄을 당기다 죽은 사내에 목이 메다가 거기서 한 줄 희망을 건져 올려 시 한 줄을 쓰셨다. 산다는 것은 깜깜한 밤을 반딧불로 비치면서 무언가를 잡는 것이라고 적고 있었다.

시원하게 써지지 않는 고통을 밤새도록 끌어안고 토굴 속에서 뒤척였을 작가에게 먼 데서 흔들리는 작은 불빛 하나가 그를 붙잡았을 것이다. 어등이 밝혀지고 무수한 이들과의 소통을 위해 언어의 그물을 소설가는 얼마나 많이 내던졌을까. 이야기의 등심지를 밝혀가면서 새벽을 넘기고 칠순을 넘긴 인생의 배 안에 씨알 굵은 고기들이 펄떡거리는 것을 나는 우러르고 있다. 어쩌면 수시로 앓던 시인의 체증은 쓰지 않고는 못 배기는 천형으로 오래된 지병이리라.

구름이 요즘 무얼 하고 사느냐고 묻는 말에 미역 냄새를 맡고 통보리사초 나문재와 짭짤한 세상 이야기하며 산다고 했다. 바닷가 모래밭에 열어놓은 길 따라 비틀거리며 출렁거린다는 소설가의 은유는 목선 위에서 고기 잡는 그만의 비방이고 마음가짐이고 처세라 믿으며 돌아왔다. 이리저리 책을 뒤적이다가 자야 할 시간을 넘겨버렸다. 써지지 않는 글들을 이리저리 오리고 붙여 보다가 자정을 넘기면 잠은 한참이 되어도 돌아오지 않는다.

어느 날부터 글을 쓰는 것이 고통을 덜어주는 일이 아니라 고통을 불러들이는 일이 되었다. 의욕과 열정으로만 되는 것은 없다. 그것으로만 고기는 잡히지 않는다. 조심스럽지만 치밀한 준비 같은 어구 손질이 매일 있어야 한다. 나의 목선을 앞으로 나가게 하는 방법은 꾸준히 노를 젓는 일과 그물을 쉬지 않고 던지는 지난한 일임을 깨달았을 때 숨이 턱 막혔다.

베란다 창문을 열고 밖을 보았다. 정말 다들 자고 있었다. 앞동 꼭대기 작은 창문에 불빛이 보였다. 누군가도 잠을 못 자고 있구나 싶어 마음이 놓였다. 불면의 새벽이 많아지는 것은 쓸데없는 걱정이 많아진 것이고 그것은 과욕이 넘쳐난다는 것이다. 튼

튼한 어구 하나 없는 가난한 내가 어등에 홀려 올라올 싱싱한 물고기를 탐하고 있는 모양새라니. 사방이 고요하니 마음이 더 선명해졌다. 그래서 기다린다. 기다리는 수밖에 없다.

내 찢어진 그물을 기워 바다에 자주 던져 볼 것과 불투명한 등을 빛나도록 닦아놓을 것과 그리고 그 일을 오래도록 반복해야 할 것을 생각한다. "헛되다고 생각하지 않고 꾸준히 노력하는 것이 눈부신 재능이다"라는 어느 작가의 말을 잊지 않도록 한다. 글도 사람처럼 앞모습보다 뒷모습에서 진정한 내면을 새기고 있다는데 앞모습에만 정신을 팔았다. 깜깜한 밤, 잠을 놓치고 베란다 창 앞에서 서성이는 까닭은 누군가와 작은 소통을 원하기 때문이리라.

시간이 되었다. 이제 내 마음속 작은 목선에 어등을 켜야겠다.

하나, 둘, 셋….

참꽃 불러오기

　여름 들꽃이 지천으로 피었다. 산비탈에 원추리들 사이로 비비추, 노루오줌, 동자꽃이 손을 흔들었다. 그사이에 유난히 눈에 띄는 연보라 꽃이 있다. 모래알만 한 꽃 주위로 네 장의 꽃잎들이 오밀조밀 가장자리를 아우르고 있다. 산수국, 너울거리는 꽃송이들이 조로록 붙어서 보는 이를 유혹했다. 그 꽃송이는 헛꽃이고 가운데 못생긴 것이 참꽃이란다. 한몸에 참과 거짓을 같이 가진 꽃이라니, 성질 한번 생뚱맞다. 참꽃은 못생겨서 화려한 헛꽃을 앞세워 벌, 나비를 불러들이는 모양이다. 진즉에 바람잡이 저 헛꽃에 취하여 나도 마음을 다 줘 버렸다. 아직 별 모양인 참꽃은 눈도 뜨지 않았다. 꽃을 따라 시선을 옮기니 눈뜨지 못한 산수국을 닮은 내가 거기에 있다.

삼복더위 한가운데 시어머님의 생신이 있다. 새댁 시절에는 뜨거움을 모르고 잔치 음식을 했다. 시댁 식구들에게 사랑받고 싶은 '며느라기寶' 시절은 모든 일이 즐거웠다. 끓이고 볶고 지지고, 불 옆에서 음식을 만드는 일이 여간 힘들지 않지만, 칭찬받을 생각에 부엌에서 경쾌했다.

이십여 년이 지난 지금, 시댁 형제들만으로 묶인 단체메신저 대화방이 일주일 전부터 시끄럽다. 그 방에 난 "절대 사절"인 사람이다. 사위와 며느리, 소위 '성姓'이 다른 사람은 초대받지 못한 방이다. 올 생신은 시누이들이 챙기는지 식당과 모임 날짜를 열심히 토의하고 있었다. 며느리인 내 입장이 정말 중요한 집안 행사인데 연락 한 줄 없는 걸 보니 말없이 올케의 수고를 덜어 줄 요량인가 싶어 내심 고마웠다. 그러나 생신 당일 시댁에 도착하니 온갖 음식이 차려져 있었다.

그 더운 날 자식들 몸보신시킬 요량으로 살아있는 낙지를 준비하고 육수까지 끓이시며 하루 종일 김치를 담그고 갖은 반찬들을 준비하셨다. 에어컨 밑에서 산뜻하게 외식할 줄 알았던 모두는 당황하고 놀랐다. 며느리인 나는 얼굴이 화끈거려 어쩔 줄 몰랐다. 어머님 생신날에 자식들이 대접받는 자리가 되어버린 것이다. 단톡방에서 모의 된 일은 시부모님의 비밀 준비로 빗나가 버리고 그 속에서 제일 염치없는 며느리인 나는 되돌아와서도 며칠 동안 마음이 편치 않았다. 여름이 다 가기 전 마음의 빚을 갚아야 했다. 하루 날을 잡았다.

가족 모임 식사를 위한 장을 보고 메뉴를 짤 때 같이 먹을 식구들의 오랜 입맛을 기억해 낸다. 해물을 좋아하시는 아버님을 위해 대하와 굵은 갈치를 사고 어머님을 위해서는 생합을 샀다. 어린 조카들을 위해서는 갈비와 잡채 재료를 사고 겉절이를 좋아하는 남편이나 딸을 위해서 열무와 얼갈이배추를 샀다.

음식 속에 마음을 넣기는 쉽고도 어렵다. 재료에 정성을 기울이고 짠맛을 싫어하시는 어르신들의 입맛에 맞게 심심한 간을 했다. 새파란 나뭇잎 몇 장과 꽃잎도 따서 곱게 상차림을 꾸몄다. 복분자주도 챙겨 반주로 즐길 수 있게 했다. 뜨거운 것은 뜨겁게, 차가운 음식은 차갑게 해서 마지막에 내놓고 지단이나 잣가루 고명도 빠지지 않고 챙겨 올렸다.

눈이 어두운 어머니 옆에 남편이 바짝 붙어 앉아 생선 가시를 발라 주었다. 시어머님은 불고기 한 점을 내 밥숟가락 위에 올려 주시고 나는 갈치 가운데 토막을 덜어 시어머님 앞 접시에 담아 드렸다. 아버님 앞으로 대하구이 접시를 밀어 드리고 아버님은 남편 앞으로 김치 접시를 옮겨 놓았다. 두 분만 계신 큰 집에 모처럼 사람이 북적이고 맛있는 냄새가 거실까지 흘러넘쳤다. 여름 내내 논밭을 오가며 태양과 싸우느라 검게 그을리신 아버님의 얼굴에 연보라 꽃잎 같은 미소가 피었다.

시댁 부엌에 있는 식칼들은 아버님의 손질로 날이 잘 섰다. 매번 조심하지만, 과일을 깎다가 또 삐끗했다. 눈 어두운 내 칼솜씨가 여기서 꼭 티를 냈다. 제법 많이 베었다. 밴드로 감고 비닐장갑과 고무장갑을 끼고 마지막 설거지까지 끝냈다. 그때 조용히 아버님이 나를 불러 당신 앞으로 앉히더니 소독제와 연고를 다시 바르고 밴드를 감아 주셨다. 찡그리시며 조심히 감아 주시는 아버님 손끝과 내 손끝이 닿는 순간 더엉, 가슴속에서 징 소리가 울렸다.

조마조마한 손끝에서 느껴지는 아버님의 잠잠한 사랑을 가만히 바라보았다. 아버님은 보잘 것 없다 숨기시고 대차고 성성한 푸른 잎만 우리에게 평생 보여 주셨다. 농기계 소음으로 한쪽 청력을 잃으시고 진통제로 버티며 많은 농사를 꾸려 가면서도 힘들다는 내색을 오히려 부끄러워하셨다.

밤길 운전 조심하라는 말씀을 내 귀 끝에 달고 집으로 오는 길, 차 속은 묵은김치와 참기름, 양파와 마늘 냄새로 수북이 쌓이고 밝은 빛을 담은 마음의 등을 앞세워 어둑한 길을 달려왔다. 휴일

하루를 빌려 부모님들의 한 끼 음식을 대접하던 날, 내 헛꽃 옆에 참꽃이 가만히 꽃잎을 열었다.

한 철 머무는 마음

아침부터 까치 소리가 명랑했다. 기분 좋은 일이 일어날 것 같은 예감이 들었다. 집에 있는 딸에게서 택배가 왔다는 연락이 왔다. 그 속에 시집도 한 권 들어 있다고 했다. 책 제목을 들어보니 인터넷에서 본 듯한 시집이었다. 『당신의 이름을 지어다가 며칠은 먹었다』라는 책이었다. 보내준 이는 대구에 사는 친구였다. 제목에서 느껴지는 차마 말 못 한 그리움이 친구의 마음 같아서 울컥했다.

십여 년 전 남편의 직장을 따라 대구로 이사를 했었다. 아는 사람 하나 없는 낯선 곳이 두려워 일 년을 주말부부로 지냈다. 하지만 먼 길을 오가는 남편의 수고와 일주일 내내 아이들과 집안에서만 지내야 하는 나의 고통도 더는 할 수 없어서 이사를 결정했다. 억양과 사투리 때문에 알아듣지 못한 말들이 많았고 급하고 시끄럽게 느껴지는 정서의 문제도 적응이 쉽지만은 않았다.

　엘리베이터를 타고 내려가는 사이 10층에 사는 아주머니를 만났다. "처음 보는 분인 것 같은데 어디서 이사를 왔어예?"라고 물었다. 나와 비슷한 나이 같은데 불쑥 물어 오는 질문들이 당황스러웠다. 이런저런 질문들을 하다가 놀러 가도 되냐고 묻기에 엉겁결에 그러라고 했지만 '설마 진짜 오지는 않겠지.' 했다. 이틀 뒤 초인종이 울리고 그녀는 커피 한 잔 달라며 정말 우리 집을 찾아왔다. 시어머니를 모시고 두 아들을 키우는 주부라고 소개하며 친구가 되고 싶다며 속내를 내보였다. 그날 이후 나는 그녀를 따라 다니며 대구라는 도시를 익혔다. 관공서, 재래시장, 도서관 등을 함께 다녔다. 일주일에 한 번 책을 대여하러 가면 그녀는 아이들 책으로 나는 나의 책으로 배낭 가득 메고 왔다. 그런 나를 놀리면서 해사하게 웃었던 그녀였다.

　타고난 사랑과 애교가 많은 사람이었다. 다 죽어가는 화초도 그녀의 집으로 가면 반짝거리는 잎을 내보였고 개구쟁이 사내아이들이 몰려가도 얼굴색 하나 변함없이 간식까지 챙겨 먹였다. 당연히 유치원에 아이들을 보낸 후 엄마들의 아지트로도 그녀의 집은 단골집이 되었다. 유난히 우리 둘은 더 가까웠다. 남편이 출장 간 날엔 자정을 넘어서도 놀러 와 이런저런 얘기로 적적함을 달래주었다. 사람 사귀는 일에 항상 어려움을 느끼던 내가 거리낌 없이 마음 문이 열린 친구였다. 그녀의 무장해제 비법은 그녀의 말투에서 비롯된다. "그런 것쯤은 괘않타!" 하면 모든 문제는 괜찮아지는 것처럼 느껴졌고 "뭐하노, 잘 있나?" 마음부터 녹여버리는 목소리를 가졌다.

어느 여름, 타향살이에 예민한 내가 마음과 몸에 병이 나버렸다. 갑자기 찾아온 증상은 어처구니가 없었다. 사방 벽들이 내 온몸을 짓누르는 듯한 압박감에 숨을 쉴 수가 없었다. 식은땀이 나고 심장이 벌렁거려 잠을 잘 수도 음식을 먹을 수도 없었다. 눈을 감으면 그대로 죽을 것 같은 공포감이 계속되었고 체중은 사정없이 빠지고 있었다. 결국 응급실에 실려 가게 되었다. 알약을 먹지 못하는 나를 걱정하다 그녀는 나를 데리고 유명한 한의원을 찾았다. 원인도 모르는 신경성 질환이라는, 현대인들이 많이 겪는 심리적 증상이라는 진단뿐이었다. 발작처럼 증상이 도지면 나는 새벽에라도 밖으로 뛰쳐나가 아파트를 맴돌아야만 했다. 출구 없는 터널 같은 시간이었다.

삼 년 후 남편 회사가 부도가 났다. 그 친구 말고는 그곳에 미련이 없었다. 빈털터리가 되어 이사를 왔다. 새로 시작한 사업은 생경함으로 힘들었고 경험해 보지 않은 노동력을 요구했다. 사람들을 찾아가 상품을 소개하는 일이란 너무 화끈거리는 일이었다. 그나마 몇 조각 남은 나 자신을 다 내려놓아야 할 수 있었다. 발바닥에 물집이 생기도록 뛰어다녀도 부진한 성과는 발목을 잡았고 계속 쌓이는 빚들이 가슴을 억눌렀다. 상품들을 간추리며 훔친 눈물 때문에 얼굴이 벌겋게 된 내 모습을 보는 남편의 표정에선 말할 수 없는 고통이 읽혔다.

그때 유일하게 마음을 보여줄 수 있었던 친구도 그녀였다. 걷다 지쳐서 버스정류장 의자에 앉아 전화로 하소연을 하면 "자기야, 우짜면 좋노!"라며 멀리서 발을 동동 굴렀다. 친정 식구에게조차 단단했던 자존심이 그녀 앞에서만은 다 부스러졌다. 그녀의 말들은 할퀸 상처를 낫게 했고 쓰린 속을 달래주었다. 그녀에게 부러진 어깨를 깊게 기댄 채 질곡의 삶을 간신히 건너왔다.

사막이 아름다운 것은 어딘가에 우물을 감추고 있기 때문이라 했다. 그녀는 나의 샘물터였다. 목마를 때마다 내가 찾아가는 숨겨놓은 우물이다. 대구를 떠나온 지 십여 년이 흘렀고 만나는 것도 여의치 못하다. 그러나 지금도 팔공산 단풍이 고운데 내 생각이 났다며 소식을 보내오고 화분에서 처음으로 꽃이 피었다며 영상을 보내온다. 대구에 귀한 첫눈이 왔다며 어린아이처럼 좋아하여 전화한다. 세상에서 가장 어려운 일이 사람이 사람의 마음을 얻는 일이라 했던가. 십여 년을 한결같이 잊지 않고 쓰다듬는 그녀의 정성에 부끄러워질 때가 많다.

저녁에 집에 돌아와 시집을 열어 보았다. 시집의 내용이 참 어렵고도 높았다. "한 철 머무는 마음에 서로의 전부를 쥐여 주던 때가 우리에게도 있었다."라는 문장이 내 마음에 꽂혔다. "나에게 뜨거운 물을 많이 마시라고 말해준 사람은 모두 보고 싶은 사람이 되었다."라는 문장에 눈가가 뜨거워졌다. "내가 아파서 그대가 아프지 않았다."라는 말로 그녀에게 어쭙잖은 고백을 들려주고 싶었다.

그녀가 보내준 꿈틀거리는 시어들을 꼭꼭 씹어 삼켰다. 아픈 내가 그녀가 보내준 보약을 먹었으니 며칠은 아니 몇 달은 쌩쌩할 것이다. 안팎으로 추운 겨울을 거뜬히 이겨 낼 것이다.

그녀에게 묻고 싶다. 가끔은 나의 이름을 지어다 먹은 날이 너에게도 있었는지.

홍어 한 접시

남편이 홍어회 한 접시를 사 들고 왔다. 막걸릿집에서 삼합으로 먹어보긴 했으나 집안에서 맛보기는 처음이다. 삭힌 홍어 냄새가 어찌나 강하던지 며칠 동안 집안에서 냄새가 가시질 않았다. 냄새가 눈으로 보는 것이라면 감아보기라도 할 텐데, 숨은 쉬어야 하니 불가피한 홍어 냄새를 참을 수밖에 없었다.

오래전 말기 암 환자가 누워있는 가정을 방문했던 경험이 있다. 치료 시기를 놓치고 집에서 죽음을 기다리는 분이셨다. 어린 아들을 두고 떠나야 하는 마음을 간신히 말하고 있었지만, 방안을 채우고 있는 알 수 없는 냄새에 온 신경이 쓰였다. 콧등을 찡그린 무의식적인 내 반응에 상처가 덧나지는 않았을지. 타인의 냄새가 계층을 나누는 기호로 쓰였던 영화 『기생충』에서도 냄새의 출처자는 모욕감을 견디지 못하여 살인을 저지르지 않던가?

 물리적인 냄새 말고도 사람에게는 보이지 않는 냄새를 가름하는 것이 있다. 여유롭게 타인을 배려하는 모습을 보면 맑은 꽃 향이 맡아진다. 함께 나눌 간식을 정갈하게 준비해 오시는 문우님이나 축하 자리에 직접 수놓은 냅킨을 선물로 들고 오는 지인을 보면 주위로 향기가 번진다. 수수한 옷차림으로 표정이 온화하고 말씨가 따뜻한 친구도 마찬가지다. 언어와 행동과 태도에서 나는 품격이 향기로 환원되니 코를 감싸 쥐는 홍어 냄새와는 차원이 다르다. 나 자신이 풍기는 냄새를 모아 방 한 칸에 풀어본다면 어떤 냄새를 풍길까. 아마 삭힌 홍어가 친구 하자며 달려들지 모른다.

 나의 부덕한 것들을 진저리 치지 않고 코를 틀어쥐는 반응을 보이지 않았던 사람들을 생각한다. 짐짓 가족이라는 이름으로 오랫동안 나의 꼴불견을 견디고 참았을 사람들. 내가 풍기는 홍어 냄새를 티 내지 않고 눈감아준 이들이다. 나의 들보는 보지 못하고 남의 티끌만 찾느라 불평과 불만이 많았다. 하여 오늘 밤은 삶의 현장에서 뛰어다닌 남편의 발냄새에 습관처럼 잔소리를 얹지 말아야 겠다.

도로 눈을 감으시오

소경이 어느날 눈을 떴다. 그런데 집으로 돌아가는 길을 잃어버렸다. 눈이 보이지 않을 때는 몸 전체의 감각을 동원해 길을 찾았는데 이제 눈에 들어오는 온갖 현란함에 사로잡혀 길을 잃어버렸다. 땅바닥에 주저앉아 울고 있는 소경에게 화담 선생이 말한다.

"도로 눈을 감고 가시오."

한 친구가 있다. 오랫동안 잊었더랬다. 누군가 이름을 말해주기 전에는 결코 생각조차 하지 않을 친구였다. 요즘처럼 SNS가 발달한 세상에선 까맣게 잊어버리는 그것조차도 쉽지 않다. 상대방이 먼저 내 연락처를 알아내어 친구 신청을 요청하고 그 뜻을 수락하면 서로의 사생활을 알 듯한 사진이나 소식을 적나라하게 볼 수 있다. 그 친구의 사진들은 여성 잡지에 나올법한 주거 공간, 세련된 생활 방식, 최신 유행의 패션, 잘 나가는 카페나 최고급 레스토랑 등으로 화려했다.

집안 곳곳에 예쁘게 장식해 놓은 수백만 원을 호가하는 가구들 외에도 한쪽 벽면을 다 차지하는 외제 커피잔 세트들이 가득 들어 있는 거실 장이 눈에 띄었다. 거기에 소파며 거실의 고풍스러운 의자나 식탁까지 잘 갖추어 놓은 살림살이였다. 피부과에서 관리된 피부로 뽀얀 얼굴이 화면 가득한 그녀의 상큼하고 발랄한 프로필 사진들. 남편이 선물해 줬다는 명품 가방과 노란 지폐로 만든 꽃다발은 소도시에서 평범하게 사는 나에게 강 넘어 저쪽 세상이요 별나라다.

빛이 환하면 그림자가 어둡다고, 다른 사람이 발하는 빛이 환할수록 내 뒤로 드리운 그림자가 더 어두워지는 것인지라 질투 없이 즐거워하기란 어렵다. 기가 꺾여 친구 끊기를 하고 싶은 마음이 불뚝거렸다. 순간 온몸이 화끈해졌다. 익숙하지 않은 시기심에 흔들리는 나를 보는 일은 괴로웠다. 분명 친구도 남에게 말 못 할 아픈 구석이 있을 것이다. 아쉽게도 아무리 봐도 그녀의 아픔은 그 어디에도 없어 보인다. '너도 분명 숨기고 싶은 열등감이 뒷면에 있을지도 몰라.' 초라한 합리화로 정신승리를 해본다.

 보는 것의 위태로움이란, 내가 보는 눈을 통해 아는 것을 유일한 앎의 창으로 여기는 데서 오는 것이다. 누군가 감각을 유일한 앎의 원천으로 삼을 때 삶은 위태롭고 천박해진다고 했던가. 그녀가 올려놓은 호화찬란한 사진들과 행복해 보이는 모습에 속아 시기심으로 괴로워 하는 것만이 나의 몫으로 남다니. 사람은 누구나 자기 몫의 외로움과 괴로움이 있다는 것쯤은 이제 알만할 나이가 아닌가. 그녀의 사진들을 보며 내남없이 아파할 다른 친구들을 배려하지 못하는 마음의 부덕이 아쉽다는 생각에 오히려 마음이 짠해졌다.

 마음과 생각이 일그러짐 없이 둥근 보름달 같다면 좋겠다. 잔잔한 마음에 누군가 돌을 던진다. 그 돌이 유혹이든, 시기와 질투든 참지 못하고 반응하면 하는 대로, 누르고 참으면 참는 대로 마음은 이지러지고 흔들린다. 욕망 없이 사랑하고 질투 없이 즐거워해 주고 어디서나 자신의 자리를 만족하기란 얼마나 힘든 일인가. 내 것을 한심해하거나 비교하며 자신을 초라하게 여긴다면 어두운 그림자만 더 길게 드리울 뿐이다.

 오늘도 그녀의 사진이 새 소식란에 뜰 것이다.

질투심이 움찔거릴까 봐 슬슬 두려워지는 나에게 명령한다.
'도로 눈을 감고 니 길을 가시오.'

빛의 신성
―『멜랑콜리 I ~ II』*

　화가이고 정신병을 앓고 있는 남자 주인공 '라스 헤르테르비그', 그는 실제 인물이다. 그가 갇혀있는 의식 세계는 도무지 이해할 수가 없다. 끊임없이 자신의 내면에서 싸우고 있는 양가 감정에 흔들린다. 빛과 어둠으로 상징되는 자긍심과 좌절의 심리상태가 반복되는데, '그림을 잘 그린다'라는 자부심과 자신의 예술적 재능에 대한 의심과 불안이 그를 저울질한다.
　가난한 바닷가 출신인 그는 선박회사의 사장 한스의 후원으로 뒤셀도르프 예술대학에서 그림을 공부한다. 정신착란 증상 안에 자신의 출신배경이 겹치기 시작한다. 지루한 도돌이 노래 같은 똑같은 문장이 연이어 나온다. 이는 독자를 조금씩 미로 같은 등장인물의 병증 안으로 끌어들인다. 행과 문단을 번갈아 나오는 똑같은 문장의 반복으로 읽는 내내 착란으로 빨려들어간다.

    같은 문장의 반복 뒤에 새로운 묘사와 사실에서 겨우 진일보한다. 반복되면서 새로운 문장이 첨부되는 독특한 구성법은 작가의 면밀한 의도 아래 창작된 듯하다. 그런 기법이 가독성을 지독하게 방해한다. 그러나 노래하듯이 간결하면서 반복적으로 묘사되는 그 지점에서 작가의 필력과 울림은 빛을 발휘한다.

    그의 회상은 출신배경과 등장인물을 반복한다. 가난한 아버지에 대한 회상에는 가난에 대한 원망과 이해와 사랑이 함께 있고 착란에 휩싸이면서도 그리움이라는 감정에 닿아있다. 아버지의 나막신 소리, 힘들면 언제든지 돌아오라는 당부, 바다에 빠지면서까지 손을 흔드는 모습은 우리네 어촌 부둣가의 이별 장면과 다를 바 없다.

    라스 헤르테르비그는 빛을 사랑하는 풍경 화가다. 빛을 묘사하는 문장이 유독 많으며 내면의 어떤 지점도 빛으로 표현되어 있다. 풍경에서나 내면에서나 빛이 있는 궁극의 지점을 열망하고 있다. '빛'의 어휘가 내포하는 상징적 의미는 다양하여 사랑하는 헬레네와 희망이 실현되는 것, 목표를 향한 열정, 종교의 신성한 영역을 가리킨다. 어두운 그림자인 우울을 소멸시키는 매개체로도 빛을 묘사하고 있다. 빛에 대한 개념은 이 소설 전체를 관통하는 통로의 역할을 하고 있다.

19세기 후반 인상파 화가들은 옥외에서 태양 아래 자연의 변화무쌍한 순간적 양상을 묘사하는 일을 시도하였다. 자연을 하나의 현상으로 보고 빛과 대기의 변화에 따라 색채가 일으키는 변화에 흥미를 갖고 사물의 인상을 중시하여 그림을 그렸다. 그림에서 빛은 명암을 표현할 때 중요한 요소다. 라스 헤르테르비그나 구데의 작품들을 찾아보니 빛 아래 펼쳐지는 풍경들이 주를 이룬다.

서양 미술사에서 풍경화가 적극적으로 그려진 것은 19세기 낭만주의부터라고 한다. 그전의 풍경화는 인물화의 배경 정도로만 여겨졌다. 과학혁명과 계몽주의는 인간이 이성을 통해 자연을 이해하고 지배할 수 있다는 인식을 낳았다. 18세기에 자연을 바라보는 시각에 변화가 생기면서 자연의 무한함, 광활함, 지배 불가능함에 주목한 풍경화가 적극적으로 그려지기 시작한 것이다.

풍경 화파가 자연의 광활함을 표현함에 있어 빛에 대한 탐닉은 자연스러운 연장선이라 볼 수 있다. 특히 사후 노르웨이를 대표하는 풍경 화가로 인정받고 있는 라스 헤르테르비그는 초현실주의 화가 살바도르 달리의 그림에서 볼 수 있는 환상성과 마술성도 함께 지니고 있다. 특히 빛이 가득한 구름과 그 빛에 반사되는 바다 풍경과 녹아내린 듯한 바위들이 인상적이다.

어둡고 가난한 그의 성장배경은 누나 '올리네'라는 허구의 인물의 회상을 통해 절절하게 묘사되어 있다. 가난은 그의 인생 전반에서 짙은 그림자를 드리우고 있다. 그러므로 희망이라는 의미소로 빛에 대한 갈구를 집요하게 드러내지 않았을까 하는 생각이 들었다. 작가도 그러한 결핍을 대체하기 위한 상징어로 빛을 들어 욕망을 그리고 있다.

소설 속 두 번째 공간 배경은 정신병동으로 바뀌어 있다. 정신병동에서는 정신병이 낫기 위해서는 "그림을 그리면 안 된다."는 의사의 명령이 내려진다. 라스는 "햇살 가득한 풍경을 너무 많이 쏘아보았기에 미쳤을지 모른다."라고 말한다.(빛에 의한 자연에 집착하는 것을 엿볼 수 있다.) 의사의 명령은 다시 건강해질 수 없다는 절망으로 치환된다. 그러나 심리적인 마음 안의 빛이 등장한다. 마음 안의 빛은 그림을 그릴 수 있다는 희망과 나란히 쓰이고 있다.

정신병동 안에서 그가 갈망하는 빛은 그림을 그릴 수 있다는 희망이고 아버지를 그리는 그리움이고 사랑이다. 비록 현실에서는 그가 정신착란을 앓고 있고 그림을 그릴 수 없다는 절망과 여성 혐오가 뒤엉켜 있지만 말이다. 그럼에도 모든 혼란을 이겨내는 길은 오직 그림을 그리는 일이며 그림을 향한 열망이 내면에 있는 유일한 빛이다. "작가든 화가든 예술은 남들이 보지 못하는 부분을 보는 자들이다."라고 욘 포세가 적었듯이 어둡고 세밀한 부분을 보고자 하는 이들에게 빛이란 절대적인 것이다.

신성한 빛, 빛은 해석이 다양한 언어다. 라스 헤르테르비그의 그림을 다시 살핀다. 실제로 그의 생애가 가난과 병증의 어둠이었을지라도 그의 작품은 감상자에게 따뜻한 빛이 되어 있음을 부인할 수 없다. 공교롭게도 노르웨이 화가 뭉크와 여러 가지로 삶이 겹치는 화가다. 소설이 미술과 문학이 겹친 탓인지 라스나 뭉크나 이 책을 헌정 받은 토르 올벤이나 불안의 암흑에서 위대한 작품을 남긴 예술가들의 빛을 뒤지다 보니 자정이 넘었다. 뒤끝 있는 작품들은 감상의 꼬리도 길다.

---

* 『멜랑콜리 I ~ II』, 욘 포세, 손화수 옮김, 민음사, 2023.

강 건너는 먹감나무

 숯불을 머리에 인 감나무를 올려다보았다. 이 집의 내력과 함께 온 먹감나무다. 풍성한 걸 보니 여름내 매미가 실한 햇볕만 챙겨 주었나 보다. 주인 없는 마룻바닥에 햇살이 서 말이나 뿌려져 있다. 타작해 놓은 메주콩들은 가을볕에 몸을 굴리며 안으로 단단해지고 있었다. 가을 한낮, 고양이 한 마리만 어슬렁거릴 뿐 사람의 기척이 없다. 마당 안이 다 보이는 감나무 집은 북향으로 놓인 옛날 그대로다.
 친정어머니와 감나무 집 아주머니는 둘도 없는 단짝이셨다. 한 골목 이웃이기도 했지만 이름이 같아서 아버지는 이름 자字를 놓고 자주 농을 하셨다. 여덟 남매를 키워야 했던 어머니와 두 식구만 사는 단출한 아주머니가 자주 비교되었다. 대식구들과 손님치

레가 많은 우리 집이 어린 마음에도 종종 성가셨다. 젊은 날 혼자 되어 아들과 함께 지내는 아주머니네 고요한 마루가 얼마나 좋았던지.

학교가 끝나면 감나무 집을 자주 찾았다. 혼자 놀기에 더없이 좋은 놀이터였다. 아무도 없는 집에서 담장에 앉은 고추잠자리를 마음껏 잡았다. 담장 밑에 숨어 있으면 잠자리들은 잘도 속았다. 뒤꼍 기슭에 있는 밤나무 밑에서 알밤도 주웠다. 치마 속에 올진 밤을 양껏 주워 와도 혼나지 않았다. 먹감이 빨갛게 익으면 연례행사처럼 집집에 한 소쿠리씩 나누어 주셨다. 검게 칠해진 먹빛이 싫어 어머니께 닦아 달라고 떼를 쓰고 항아리에 담겨 홍시가 되어도 나는 눈길 한 번 주지 않았다.

감나무 집 외아들인 그는 나를 귀여워해 주셨다. 신혼 방에서 잠을 잤던 기억이 있는 걸 보면 조카처럼 예뻐해 주신 듯하다. 쌍꺼풀진 눈에 유난히 키가 작았고 말도 느렸다. 삼베 잠방이를 입고 느릿느릿 걸으며 만사가 태평스러웠다. 서울살이를 갔지만 다시 고향으로 내려와 소작농이 되었다. 그가 다시 고향으로 내려왔을 때 이미 나는 다 큰 처녀가 되어 있었다.

가난 속에서 홀로 아들을 키워낸 아주머니의 서러운 세월을 감나무는 알고 있다. 가난보다 더 아픈 외로움이 타고 올라가 감들도 시커멓게 멍든 것이리라. 농한기 철에 아주머니는 어머니와 함께 장바닥을 다니며 기름 장사를 하셨다. 장날이면 팥이며 콩을 몇 되씩 이고 우리 집에 오셨다. 그 덕에 장 구경 갈 기회를 얻었던 어머니의 즐거운 얼굴을 잊을 수가 없다. 겨울밤에는 마실 온 아주머니와 이불 속에 발을 넣고 윗목에 있는 고구마를 깎아 먹었다. 뒷문을 열고 동치미를 떠 오시는 어머니의 문소리가 지금도 쟁쟁하다.

그날도 먹감나무 끝에 가을 햇볕이 찰랑거렸다. 아주머니와 어머니가 예배당에서 귀한 임직을 받는 날이었다. 같이 한복을 한 벌씩 맞춰 입고 안 하던 화장도 곱게 하셨다. 두 친구가 함께 맞는 기쁜 날이었다. 그도 그날은 양복을 빼입고 주뼛거리며 기념사진을 찍었다. 아들 내외와 다정하게 사진을 찍는 아주머니 입에 생애 가장 환한 웃음꽃이 피었다.

밤이 늦도록 아주머니네 식구들이 그를 찾았다. "행사가 끝나고 논을 갈러 나갔는데 들어오지 않는다."라고 하였다. 저녁을 먹고 한가하게 이야기를 나누고 있었던 친정 오빠들이 어두워진 들을 헤매고 다녔다. 소작논들을 더듬다가 마을 뒤 다랑논에서 싸늘한 그를 발견했다. 깊은 밤, 공포의 전언이 논배미를 훑고 뒷산을 넘어와 온 마을을 장악해 버렸다. 후들거리는 가로등과 사이

렌 소리와 통곡이 뒤범벅되어 순진한 마을 사람들의 멱살을 잡아 흔들었다. 둔중한 무기로 마음을 얻어맞은 모두는 무서움으로 오슬오슬 한기가 돌아 이가 덜덜 떨렸다.

상중 내내 그의 아내는 몇 번씩 의식을 잃어버렸고 아주머니는 넋을 놓아 버렸다. 성전에서 앞으로 남은 인생 오롯이 헌신할 것을 다짐한 그날, 하필 그를 데려가신 이유를 나는 오래도록 신에게 묻고 또 물었다. 청춘을 다해 키운 아들, 곧게 자신의 절개를 지켜가며 키운 아들을 왜 데려가셨을까. 아주머니의 고통에 모든 사람은 동정과 연민을 앞세웠지만 무력했고 그해부터 먹감나무는 저 혼자 늙어갔다.

결혼하고 아이를 낳고 나 또한 나의 시간표대로 살아가는 동안 아주머니의 며느리와 손녀들은 동네를 떠났다. 골목은 시들어 갔고 사람들은 더욱 늙어갔다. 마음 한쪽이 먹물이 든 채로 어쩔 수 없이 모두가 그렇게 그 시간을 건너왔다. "내가 너를 어찌 잊어." 뜨거운 돌밭을 걷던 아주머니의 곡소리도 이제는 옛일, 그들은 이승에서 단순하게 사라졌다. 외주물집 깊은 그림자를 제 몸에 물들이고 혼자서 세월의 긴 강을 건너오느라 발이 부르튼 먹감나무를 쓸어본다. 사라진 집안의 남루한 내력을 끌어안고 날마다 다독거리며 오늘도 빨간 불을 켜며 서 있는 먹감나무.

깨진 햇살을 주워 모아 골목을 빠져나오니 감나무 우듬지에 붉은 노을이 익어 간다. 작은 몸에 새끼를 밴 못난이 먹감들, 이제 긴 겨울밤 홀몸도 아닌 것들이 제각각 툭툭 떨어져 흰 눈 위에 빨갛게 으깨어지리라. 벌건 홍시를 발등으로 받으며 먹감나무의 허리는 점점 굽어 가리라. 그럼에도 불구하고 꽃은 피고 먹감은 또 씨를 배고 홍시를 문 까치는 날아가고, 덧없는 것들은 그렇게 하나하나 진저리나게 아름다울 것이다.

끝이 있는 길

　떠나온 그곳은 나에게 크리스마스 선물 같은 곳이었다. 새로 지은 아파트는 아름답고 순하고 여린 마음이 자란자란 고였던 보금자리였다. 잘 다려진 리넨 원피스에 꽃핀을 꽂은 딸아이가 자주 요령 소리로 웃음을 터트리던 곳이었다. 간간이 시외로 빠져나가 숲속에다 세 아이를 풀어놓고 헤실헤실 웃던 한가로움이 있던 시절이었다. 주말이면 온 계곡이 독경 소리로 웅웅거렸던 팔공산 자락을 내려와 산사에서 빈손으로 점심 공양을 얻어먹은 따뜻함이 뭉텅 배어있는 곳이었다. 아슴아슴한 그 시절이 지금도 당장 그림이 된다. 그 둥지가 세상의 힘에 무력하게 무너져 깃털 몇 개만 나뒹굴 때도 순진하게 나는 꿈을 꾸고 있었다.
　철새들의 꼬리에 긴 실을 묶어 우리는 쫓기듯 그 도시에서 빠져나왔다. 연어의 회귀본능이 나에게도 있었는지 돌고 돌아온 강가에서 낡은 방 한 칸을 얻었다. 밤마다 부스러진 벽 사이로 팔뚝만 한 쥐가 들락거렸다. 메뚜기 같은 바퀴벌레들이 나의 현실을 적나라하게 일깨워 서러움도 사치라고 비아냥거렸다. 그러니 세상이라는 정글에서 나의 목적은 생존이었다. 살아남는 일에 매진했고 살기 위해 몸부림쳤다.

몸으로 부딪치는 물살은 거칠기만 했다. 좌절은 그 꼬리를 감추지 않고 이어졌고 고질적인 불안으로 심장은 평안한 잠을 이루지 못했다. 엄청난 양의 노동은 낮과 밤을 나누지 않았고 낡은 작업복으로 진창길과 눈 섞인 길을 쉼 없이 걸었다. 첫눈이, 함박눈이 공포로 오는 심정을 처음 알게 된 밥벌이는 얼음 위를 맨발로 걷는 것이었다.

문간 어귀에서 자주 내쫓김을 당했다. 창피함으로 속사람이 까맣게 녹아버리는 것, 되찾아 올 자존심이 없는 날이 쌓이면 아이들과 산을 올랐다. 영문도 모르고 겪어야 했던 숱한 좌절들이 활개 치는 길, 다짐들과 희망들이 스러지는 길, 우리는 지름길을 모른 채 에움길로만 끌려다녔다. 차라리 길을 잃어버렸으면 좋겠다는 마음이 가끔 고개를 들었다.

나무랄 데 없는 날씨였다. 무성하게 자란 나뭇잎들이 너그러운 그늘을 흔들며 우듬지 끝으로 햇빛이 찬란했다. 창문을 여니 공기 중으로 상쾌한 기운이 감돌았다. 청암산이 지붕이 되고 호숫가가 산책길이 되는 구불길로 나서보았다. 억새들이 무성하게 자라 초입 길을 막았다. 통나무를 잘라 방석처럼 깔아 놓은 대나무 숲 길의 작은 벤치에 앉았다. 오솔길로 접어든 사람들은 속도를 줄이며 천천히 걷고 있었다. 가족들과 연인들은 단란하게 어울리며 이야기를 나눴다. 호작거리는 호숫가에는 카메라를 들고 있는 남자의 등이 산과 하늘과 호수를 한꺼번에 담느라 잔뜩 옹송거리고 있었다.

가시연꽃잎이 화투패 펼쳐놓듯 조로록 붙어있고 연꽃은 소도록이 올라와 있었다. 이런 원시림 속에서는 세상의 그저 그런 것들이 잘 보이지 않았다. 왕버들 나무 사이로 노란 붓꽃이 엽서를 띄우기도 하고 병나무 꽃과 때죽나무 꽃이 양쪽에서 짤랑짤랑 방울을 흔들기도 했다. 소음도 먼지도 없는 호젓한 풍경에 마음이 평안했다. 말없이 이런 풍경을 고즈넉이 바라보고 있으니 부산스러운 욕망은 잠잠해졌다.

산등성이로 오솔길을 낸 산비탈에 들어섰다. 발끝을 조금만 놓쳐도 낭떠러지로 떨어질 것 같았다. 구름은 넓은 호수에 얼굴을 수없이 들여다보며 옷장 속에 넣어둔 옷들을 수없이 입고 벗었다.

구름과 바람은 막힘없는 하늘에서 하룻길을 여유롭게 걷고 있었다. 수변로와 등산로가 이리저리 갈리고 만나듯이 내가 걸었던 길 위에서도 느긋한 마음과 조급한 마음이 교차했다. 연리지 길처럼 두 마음이 한 몸이 되어 걷기도 했고 샛길로 빠져 허우적거릴 때도 있었다.

갑자기 하늘이 어두워지기 시작했다. 순식간에 먹구름이 호수 위로 모였다. 천둥과 번개가 북을 울리며 숲길을 장악하기 시작했다. 빗방울이 흩뿌리기 시작했다. 빗줄기는 더 거세지고 고립된 길 위에서 우리 둘만 덩그러니 있었다. 갑자기 습격한 이 장대비를 숨어 피할 곳이 안 보였다. 오솔길은 갑자기 쏟아진 빗물이 흐르는 물길이 되어 버렸다. 우리 등산화 속으로는 철벅철벅 흙탕물이 들어왔다. 이런 험한 외길에서 고스란히 맞는 소나기는 모든 것을 포기하게 했다. 그러자 가슴 안에서 한 가지 생각으로 뜻이 뭉쳐졌다. 쏟아지면 맞고 내 길을 가자는 생각이며, 이 길의 끝은 분명 있으니 빗길을 뚫고 가보자는 용기였다.

우악스러운 소나기 길에서 우리 둘이 걸으면서 생겨난 것은 도톰한 우애였다. 연리지 길을 걸어 나온 너와 내가 통으로 내리는 빗길에서 안부를 챙기고 모자를 씌워주고 가방을 대신 메어주는 것은 다음 길을 위한 어떤 의식 같은 것이었다. 거의 반포기 상태로 한참을 더 걸으니 하늘이 얼굴색을 부드럽게 풀고 있었다.

잎에서 떨어지는 빗방울이 속도를 멈췄다. 격정을 넘긴 여유가 묻어났다. 호수의 물결도 한숨 내려놓고 자작해졌다. 소나기가 그치더니 해가 비치기 시작했다. 누군가 호수 위로 모인 구름과 비를 후, 하고 불어 날린 것 같았다. 모자를 벗고 언제 다시 볼 줄 모르는 깨끗한 수면을 내려다보았다. 모처럼 흠씬 내린 비에 목을 축이고 더웠던 열기가 한걸음 물러갔다. 구석구석 쌓였던 먼지들이 씻어지듯 삶의 길에서 얹힌 슬픔의 더께들이 씻겨 나갔다.

초입으로 되돌아온 우리는 온몸이 늘어지고 추웠다. 또 삶이 제자리로 돌아가면 좌절과 슬픔이 우리를 욱여쌀 것이다. 막히고 꺾인 길에서 망연히 서 있기도 할 것이다. 그러나 빗길에서든, 눈길에서든, 뙤약볕 갓길에서든 뜨거운 밥벌이를 소처럼 해낼 것이다. 마음 색과 다른 얼굴색으로 사람들을 만나고 뒤안길로 숨어들어 눈물을 훔치기도 하겠지만 되돌아 나와 다시 길을 나설 것이다. 또다시 철새의 꼬리에 실을 묶어 이곳을 떠나야 한대도 두렵지 않을 것이다. 알고 있었지만 잊고 있었던 사실, 소나기는 금방 그친다는 것을. 그러니 함부로 좌절하지 않을 일이다.

파랑새
— 『달과 6펜스』*

스스로 나쁜 놈이라 인정한 시인이 있다. 어울리지 않게 심장 안에 파랑새를 숨겨놓고 살았다. 시인은 파랑새에게 너무나 냉담했다. 아무에게도 보여주고 싶지 않았다. 그 새에게 술을 퍼붓고 담배 연기를 들이마시게 했다. 같이 어울린 창녀들과 술집 종업원들은 그곳에 새가 있다는 것을 전혀 알지 못했다. 그러나 모두가 잠든 밤에 가끔 파랑새를 나오게 한다. 한밤중에 "네가 거기에 있는 거 알아. 그러니 슬퍼하지 마." 그리고 다시 들어가게 한다. 매일 술과 도박과 창녀와 함께 인생 밑바닥 생활을 하지만 나이 50이 되어 글을 쓰기 시작해서 현대문학에서 '가장 위대한 아웃사이더'로 평가되고 있는 찰스 부코스키.

나쁜 남자들은 뼈대 있는 집안의 혈통인지 시대마다 대를 이어 나타난다. 서머싯 몸이 만들어낸 1919년생 찰스 스트릭랜드라는 인물이 저 위대한 1920년생 부랑자 시인 찰스 부코스키와 겹치다니. 그들은 심장에 새파란 파랑새 한 마리를 품고서 거리에서 냄새나는 여관에서 창녀들의 품에서 살아나온다. 사람들은 그들을 욕하면서 그들의 예술을 찬양한다. 위대한 예술은 뒷골목의 썩은 냄새와 가난과 방황을 일용할 양식으로 삼는 것인지. 자기가 느낀 어떤 것을 전달하지 않고는 못 배기는 사람들은 인생의 진리를 표현하려고 두 눈 부릅뜨고 보자면 그러한 일은 반드시 필요한 것인지.

자신의 파랑새를 따라 가정과 가족에서 떠나버린 남자, 자기에게 최선을 다해 선행을 베푼 사람의 아내를 자신의 여자로 만들고 그 여인을 냉대하며 결국 자살로 죽게 만들어 버린 남자. 죄책감 없이 그것을 전혀 괘념치 않은 나쁜 남자의 모습이다. 그 모든 것은 '아름다움'이라는 예술을 위한 제물로서 고귀하게 상쇄되는 것들이다. 서머셋 몸이 말하는 아름다움이란 예술가가 온갖 영혼의 고통을 겪어 가면서 이 세상의 혼돈에서 만들어내는 경이롭고 신비한 것이다. 예술가는 위대한 무언가를 향해 뜨겁게 타오르는 고뇌하는 영혼들이다. 고귀한 예술을 위해서 평범한 일상이 주는 안락함을 버린 사람들의 내면에는 이러한 뜨거운 예술혼이 파랑새로 숨어 있다.

작가는 진정한 예술을 위해 온 생을 바친 남자의 생을 적고 있다. 화가가 되는 과정을 보여주고 있지만 진정한 예술인의 구도 과정을 그리고 있다. 틈틈이 속세 인간들의 모순과 이중성과 위선을 꼬집고 있으나 그것 역시 소설의 소재일 뿐이다. 적확한 언어의 선택이나 표현의 첨예성을 들어 작가는 예술론이나 작가론을 설파한다.

고갱이라는 프랑스 후기 인상파의 삶을 빌려 쓰면서 인간의 본능과 문명에 대한 혐오감, 원시적인 색채가 주는 상징성을 풀어내고 있다. 먹고사는 문제에서 자유로워지며 순수한 자연 예술을 추구하는 화가의 이상과 현실을 '달과 6펜스'라는 상징물로 책 제목을 삼는다. 그림에 관한 지식보다 문학에 관한 작가의 생각이 곳곳에 강조되어 있다. 천재 옹호, 고통과 예술성의 비례, 순수 자연 추구 등 문학이 갖는 특징이 잘 드러난 소설이다. 여러 번 탐독했지만 또 새로운 만남이다. 높이 올라갈수록 더 진해지는 인간들의 모순과 비열함과 위선 등 인간이 갖는 내면의 이중성을 비웃는 문장에 위로받는다.

내 안의 파랑새를 들여다본다. 마음껏 날고 싶은 날개의 기능을 잊어버린 지 오래되어 있는지조차 몰랐던 시절이 있었다. 틈틈이 책과 음악과 글쓰기가 나를 지탱해 준 암흑의 시대였다. 내 속의 파랑새를 발견하게 해준 소중한 인연들이 있다. 날개를 펴고 날아 보지만 힘이 부족하고 주위에는 너무나 반짝이고 아름다운 새들이 많다. 열심히 퍼덕이다가도 "가장 힘겨운 적인 자기 회의"에 빠져 동굴에서 웅크리는 일이 잦다. 그러나 정신의 어떤 상태를, 감정의 어느 부분을 표현하고 그 속에서 진리와 본질의 꼬리를 보여주고 싶다는 욕망이 내 속에도 있다.

 자신을 사로잡고 있는 갈망이 바로 파랑새다. 파랑새가 사는 곳은 심연 어디쯤일까? 가끔 지친 날개를 퍼덕이며 높은 나뭇가지에 앉아 수평선 너머를 꿈꾸는 작은 새. 그곳은 여전히 붉은 과일이 탐스럽게 열려 있고 동산의 꽃들은 만발하는지, 작은 파랑새와 사는 나를 스스로 비웃기도 하면서 하루들이 가고 밤의 별들이 스러진다. 순수했던 내 파랑새가 얼룩덜룩 옷을 입고 치장하여 무슨 색인지도 모르는 혼돈의 근원을 묻는다. 내 파랑새의 안부를 묻는 나도 이제는 늙어간다.

 찰스 부코스키는 명령한다. "당신이 진정으로 사랑하는 것을 찾아라. 그리고 죽을 만큼 빠져보라." 그러나 그의 묘비명에는

"노력하지 말라."고 적고 있다. 이 모순의 합은 무엇일까? 분명 노력하지 않고도 빠져볼 일은 참으로 멋진 일 아닌가. 그렇다면 나에겐 여전히 읽는 일과 쓰는 일….

---

* 『달과 6펜스』, 서머싯 몸, 송무 옮김, 민음사, 2000.

5부

빗나간 탐사의 끝 | 명자꽃불 | 호반우
물 주는 두 가지 방법 | 기억의 정원 | 억새 산행
오늘은 팝콘처럼 | 우표의 꿈풀이 | 깡태 | 피어라, 꽃심

빗나간 탐사의 끝
—『구르브 연락 없다』*

9일 0시, 2인 1조, 우주인이 탑승한 우주비행선 한 척이 지구에 착륙했다. 착륙지점 지명은 사르다뇰라, 에스파냐 북동부 카탈루냐 지방의 소도시다. 아침 7시, 착륙지점 일대 생활 형태에 관한 탐사를 수행한다. 그 일은 구르브라는 우주인이 일임한다. 그는 '마르타 산체스'라는 에스파냐의 마돈나요 팝의 여왕으로 변신한 채 4번 출구를 통해 비행체를 벗어난다. 그리고 밤 8시 30이 지나도록 구르브에게서는 연락이 없다.

소설은 관찰일지 형식이다. 시간대 별로 사건의 진행 상태를 낱낱이 기록하는 기록일지다. 그리고 주인공들이 외계인이요, 모습은 수없는 변신이라니 유쾌한 설정이다. 오펠코르사에 치이고 승합차에 치여도 죽지 않는 후덜덜한 무협지 주인공 같은 이름 없는 '나'라는 화자의 이야기를 따라가야 한다. 바르셀로나 도시의 골목 풍경과 유명지를 더듬고, 예술인, 학자, 작가 심지어 소매치기까지, 그 안의 사정을 샅샅이 훑으며 외계인의 엉뚱한 시선과 색다른 날카로움을 발견할 수 있다.

"나는 저만치 떨어져 있는 분수대에서 겨우 정신을 차리고 얼굴을 씻는다. 덕분에 분수대의 물을 분석할 기회가 주어졌는데, 주요 성분은 수소와 산소, 나머지는 대부분 똥이다." '스페인의 첫맛은 똥 맛이다.'를 저토록 코믹하게 쓸 수 있는 작가의 여유는 부러운 재능이다.

에두아르도 멘도사는 스페인 바르셀로나 출신 작가다. 어려서는 모험가를 꿈꾸고, 대학에서 법학을 전공한 후 변호사로 활동했다. 뉴욕에서 첫 소설을 발표했고 대중의 사랑을 받는 작가다. 자기 고향 바르셀로나에서 문학적 영감을 받은 모습이 작품 안에 고스란히 담겨있다. 이 책은 바르셀로나 올림픽을 앞두고 작가가 "외계인의 바르셀로나 여행기"로 가장한 작가 에두아르도 멘도사의 '바르셀로나 찬가'라 할 수 있다.

타인의 시선으로 보는 바르셀로나의 민낯은 우리의 모습과 별반 다르지 않다. 늘 경쟁적이고 늘 바쁘며 혼자만의 시간이 없으며 모순된 모습이다. 공상과학소설이요 유머소설이라고 작가가 말하지만, 우울의 그림자가 없는 대신 삶과 인간을 관통하는 아포리즘에 깊은 울림이 있다. 외계인이 경이로운 지구인의 삶을 들여다보는 것이니 호기심에 얽힌 유쾌함만 있는 것이 어쩌면 당연하다. 작가 자신도 자신의 고향인 바르셀로나를 소개하는 글로 편입시키자면 유쾌함의 장치는 꼭 필요했으리라. 이 책을 들고 여행한다면 낭만적인 사랑을 꿈꾸기보다 재미있는 유희를 찾는 것이 맞다.

스페인 문화의 조롱과 풍자, 아이러니와 역설, 언어의 패러디까지는 다 읽지 못한다 하더라도 경이로운 도시인 바르셀로나를 구석까지 보여 주려는 작가의 의도는 충분히 이해할 수 있다. 그래서 다음 작품인 『경이로운 도시』도 궁금하다. 자랑스러운 자신의 조국이 갖고 있는 문화유산을 소개하고자 하는 애국심을 천재적 기법으로 묘사하는 그의 탁월성과 대중성을 어렵지 않게 느낄 수 있다.

외계인의 눈에 지구는 더없이 복잡하고 미개하고 추악하고 모순된 곳이다. 그래서 살만한 곳이 못 되지만 그 안에서 사랑을 나누며 서로의 아픔과 상처를 보듬어 주는 지구에 기꺼이 남는 우주인은 무엇을 방증하는가. 사람은 관계의 존재이고 관계 안에서 자신을 발견하는 것의 비결을 알아차린 거다. 경쟁과 살아남기에 시달리며 불평과 부조리가 판치지만 위급할 때는 하나로 똘똘 뭉치는 지구에 사는 우리네를 부러워하는 것이다.

 사랑하는 이가 내 옆에 있고 내가 거두어야 하는 여린 것이 나를 의지하는 곳, 여기는 생명의 필패, 죽음으로 끝나는 무의미를 의미로 되돌려주는 아름다운 곳이다. 텔레비전을 보면서 추로를 몽땅 먹는 우주인들처럼 나 또한 말린 오징어를 씹으며 드라마를 보고 그리운 사람에게 전화하며 잠들기도 하는 곳. 사람들과 소통하는 기쁨, 바람을 쐬며 음악을 듣는 저물녘의 여유, 식구들과 맛있는 저녁을 먹으며 하루 얘기를 주고받는 식탁, 손을 뻗으면 만질 수 있는 존재들의 실재가 있는 곳. 평범한 우리의 모습을 구르브는 부러워한 것이다.

 얼마 전 『100년을 살아보니』의 작가가 "인생을 통틀어 사랑이 있는 고생이 행복이다."라고 고백한 글을 읽은 적이 있다. 그러고 보면 인간은 "네가 있으므로 고로 존재한다."라는 실존의 방향성이 행복을 좌우하는 듯하다. 너의 의미에서 나의 의미를 찾는 본능, 외계인이 끝내 지구에 남은 이유도 '너를 향해서'라는 사랑의 방향성을 몸으로 무의식으로 깨달았기 때문이지 않았을까.

 지금은 사라진 구르브가 누구로 변장했을지 궁금해지는 여름

밤, 그들의 탐사는 빗나가 기다리는 답은 영원히 오지 않을 것이다. 죽지 않는 구르브의 인간 변신과 야기되는 변화무쌍한 이야기들을 상상하는 것은 즐겁기만 하다. 구르브가 무수한 타자를 향했을지라도 일 년에 한 번쯤 서로에게 안부를 묻는 무선을 타진하면 좋겠다. 그들의 별은 유일한 둘만의 고향이니 말이다. 구르브에 대한 애정 어린 희망이요 깜찍한 상상이다.

---

* 『구르브 연락 없다』, 에두아르도 멘도사, 정창 옮김, 민음사, 2012.

명자꽃불

이제 스무날만 참고 기다리면 음력 삼월이다. 햇볕의 허리가 길어졌고 아침저녁으로 순 보리밭을 지나는 바람 끝이 한결 부드러워 살갗에 닿는 공기가 순하다. 해마다 요맘때면 겨울은 갈 듯 말 듯 봄과 힘겨루기를 해보지만 끝내 자리에서 밀려난다. 그 겨울이 성을 다 빠져나가기도 전에 모르는 척 왕좌에 턱 앉는 게 바로 봄이다.

꽃들은 게릴라처럼 몰려와 왁자하게 피고 질 것이다. 우리 동네 산수유는 아직도 겨울잠을 자는데 벌써 남쪽 마을 매화 동네는 홍매가 피었단다. 여기저기서 꽃소식이 분분해도 그러나 빨간 명자꽃이 피기 전까지 아직 봄이 아니다. 선홍빛 꽃잎이 발그레 올라와 탐욕스럽게 유혹해야 봄이 왔다는 것을 인정한다. 오죽하면 처녀가 있는 집안에는 바람날까 봐 명자나무를 심지 못하게 했겠는가. 아무것도 몰랐던 어린 시절에도 도톰한 꽃 입술에 마음을 빼앗겨 그 앞에 오랫동안 앉아 있곤 했다. 그 빛깔을 빌려와야 가슴속 꺼진 촛대에 불을 붙일 수 있다.

아파트 공원을 한 바퀴 돌아보았다. 마른 가지에 손톱만 한 새싹이 푸르게 돋아 있다. 라일락 나무는 호들갑스럽게 한마디나 길어 손을 젓는다. 화단엔 상사화 새순이 한 뼘이나 자라 있다. 어린 시절 장독 뒤에 숨죽여 일어난 그 싹을 떡시루로 덮어두던 어머니가 생각났다. 떡잎마다 꽃을 만나고 싶은 곡진한 마음 새가 보여 찡하다. 여기저기 까치꽃이 구슬처럼 피어있지만 나는 봄을 알리는 붉은빛 한 점만을 갈망하니 거기에 쉽게 설렐 내가 아니다.

마른 버드나무에 푸른 물이 안개처럼 번지면 사람들은 다 된 봄이라 한다. 나는 그것도 아니다. 은은한 버드나무 속에 붉은 꽃 같은 소녀가 있어야 비로소 봄이 다 된 것이다. 그래서 지금 붉은 소녀를 찾고 있는 것이다. 봄날의 근심이란 알 수 없는 무언가에 꼼지락대는 설렘으로 헤매는 것이니 뒤지고 뒤져볼 요량이다. 볕이 좋은 봄날 그곳으로 차를 몰았다.

작년 요맘때였다. 산꼭대기까지 저승의 회색 문패가 빼곡한데도 봄볕이 감미로워서인지 고요하고 평화로웠다. 수천 개의 침묵 사이로 까치 한 마리가 통통거렸다. 봉분 위로 죽음과 상관없는 푸른 생명이 민낯을 노골적으로 드러내고 있었다. 노란 양지꽃 위로 나비 떼가 날아다녔고 꿩 소리도 요란했다. 목숨의 필패 위에 생명의 필승이 우둘우둘 돋고 있었다. 이곳만큼 생명이 찬란한 곳이 또 있을까.

  죽은 자들은 볼록한 배를 편안히 드러내며 곤히 자고 있었다. 그리고 보면 싱숭생숭한 봄은 산 자들에게나 오는 법, 발밑에 그들을 사랑했던 이가 꽂아놓은 꽃이 붉었다. 비석에 새겨진 이름들을 하나씩 읽으며 누구의 아버지였고 어머니였고 아들이고 딸이었던 생의 흔적을 가늠해 보았다. 사람들은 그런 관계에서 가장 정직하고 뜨겁고 붉으리라. 짱짱해져야 하는 관계가 자꾸 흩어지고 헐거워지는 것이 못내 아쉬운 나이가 되어버린 탓인가. 사랑하는 이들과의 결속력을 팽팽하게 더 당기고 싶어서 나의 무의식은 이곳까지 왔을지도 모르겠다. 여기에 누워있는 인생들도 사랑하는 이들과 따뜻한 봄을 지속시키기 위해 치열했을 테니까.

  산 위를 오르다 뒤돌아보니 산 밑에는 벚꽃이 흰 강물을 이루어 동에서 서로 흘러가고 있었다. 산 밑을 내려가다 못내 아쉬워진 바람 한 점이 휙 몸을 돌리면 연분홍 꽃잎을 우수수 떨구었는데 살아있는 나나 죽어있는 그들 모두가 꽃 강물에 잠시 떠내려 가는 것이었다. 삶과 죽음이 엄연한 이곳에서조차 꽃은 좋았다.

　오늘 여기는 시샘의 바람만 떠돌고 있다. 동산에 서 있는 벚나무도 앙상한 가지 그대로다. 아직은 이른 것 같다. 다행히 햇볕은 따사롭다. 마음속의 그 붉은 꽃을 어디 가면 볼 수 있을지. 봄으로 가기 위한 돌다리를 하나씩 내딛고 있는 지금, 바람 끝에 오슬오슬 한기가 다시 든다. 봄이라고 모두에게 따뜻한 봄은 아닌 탓이다. 흥건하게 고인 붉은 꽃가지라도 봐가며 아직은 버텨보고 싶은데 보이지 않는다. 내 유년의 가지에서 묻어온 '감상'이란 비린 것을 뱉어내고 싶다. 멀리 흘러왔는데도 피는 꽃 한 점을 찾아 봄을 타는 중년 여자가 여기에 있다. 추해지기 전에 차라리 이쯤에서 붉은 꽃을 포기해 버릴까.

　갓 스물이 된 대학 새내기 딸이 문을 열고 들어왔다. 오! 이런, 그녀의 도톰한 입술에 선홍빛 명자꽃이 피어있다. 내 가슴속 촛대 심지를 돋우어야겠다. 그녀에게서 불씨 한 점을 빌려 와야겠다.

호반우

　놋 주발을 짊어졌다. 잘 닦인 몸이라 광이 난다. 왕족에게 진상할 음식으로 소가 지고 가는 주발 안에는 쌀밥이 가득했으리라. 저리 조용한 걸 보니 위패를 알현하기 전 드넓은 초지를 되새김하는 중인가보다. 유기 그릇 '희준', 사람 대신 제물로 바쳐지는 얼룩소의 숙명을 이보다 잘 빗댄 제기가 또 있을까.
　동자는 사람이 찾아야 할 참 마음을 나타내는 귀한 동물을 끝없이 찾았다. 소를 타고 어디까지 가는 것일까? 심우도의 검은 소는 흰 소가 되어 간다. 진정한 깨달음에 이르는 여정을 그린 법당 벽화다. 소의 이마에는 초승달이 산다. 휘어진 뿔이 이우는 달의 형상이다. 이마에서 솟아 나와 날과 월을 채운다. 스러지고 다시 뜨는 달의 부활이 우각에서 발현된다. 시인이라면 기꺼이 뿔에 꽃을 걸어두고 벗과 술을 나누리라.

 한 시인은 고향의 소 울음소리를 꿈에서도 잊지 못했다. 그에게는 송아지를 부르는 게으른 울음조차 찬란했다. 외로운 시인의 향수병을 얼룩빼기 황소가 치유한다. 저기 민족의 기상을 흰 뼈대로 힘차게 드러낸 칡소가 두 눈 번뜩이며 걸어온다. 푸욱- 종이를 찢고 나올 것처럼 튼실한 정강이가 실룩거린다. 멍에를 메고 흙을 갈던 우리 땅의 얼룩소들, 성스러운 동물로 수없는 신화에 등장하는 주인공이다. 순하고 힘이 좋아 우리 민족과 함께한 듬직한 일꾼, 칡소는 한 식구나 다름없는 생구生口다.

 창세에 조물주는 산기슭에 뻗친 칡넝쿨을 베어 소의 몸을 칭칭 감았다. 못된 고집을 고치려는 방편으로 얼룩덜룩 줄무늬가 보시기에 심히 좋았으리라. 언뜻 보면 호반우는 집채만 한 호랑이다. 새끼를 낳기 전까진 성격이 거칠지만 낳고 나면 온순해진다는 칡소. 조선 땅 어디에서나 코뚜레를 달고 짚북데기 외양간을 나와 봄을 갈았다. 큰 덩치로 드잡이하지 않고 고삐에 묶여 주인의 목소리에 귀 기울이며 살았다. 몸피만큼이나 성정도 무거워 함부로 가탈거리지 않는 천상 착한 짐승이다. 각다귀에 시달려도 꼬리만 흔들 뿐, 세상 유유자적한 한가로움을 지녔다.

 내남없이 아버지들은 새벽에 일어나 여물부터 챙겼다. 외양간에서 하얀 콧김을 세우며 여물을 씹는 겨울 아침은 구수했다. 우사에 가득했던 아버님의 황소들은 십여 년 전에 모두 떠나보냈다. 평생 일에 쫓겨 당신의 건강을 챙기지 못한 탓이다. 그러고 보니 이랴 자랴 생의 고삐에 묶이며 쟁기를 짊어졌던 아버님의 일생이 칡소와 다를 바 없다. 지금도 주린 배를 쥐며 눈물 흘린 소년의 때를 회상하신다.

오월의 들판을 훑는 사내아이의 눈빛을 상상한다. 낡은 터 위로 바람에 따라 금빛 너울이 춤추는 보리밭은 서러운 남의 땅이다. 용이 때를 기다리고 있다는 잠룡의 명당 마을이지만 어디나 가난은 넘쳐났다. 태어나 한 번도 마을을 벗어나 본 적 없는 소년은 깨어날 마을의 용을 기다렸다. 두 개의 천이 만나는 마을 앞 용수천은 항시 푸르렀다. 소 꼴을 먹이러 나온 소년들은 은어를 잡아 버들목에 꿰었다. 누구나 천렵을 즐기는 유년의 때는 낮잠처럼 짧은 법. 외아들이지만 선대에서 받은 것이라야 빚이 더 많았다. 가진 건 단단한 육신뿐, 이집 저집을 다니며 소문난 일꾼으로 어깨가 넓어졌다. 뜬 걸음으로 걷는 소처럼 느리지만 뚜벅뚜벅 농부의 길을 걸어 나갔다.

아버님이 고르게 썰어놓은 논을 바라본다. 청명한 사각 하늘이 들어 있다. 거친 논을 썰어놓고 며칠을 기다리면 무논은 호수가 된다. 얼마나 맑은지 지난밤 개구리 떼들의 질펀한 자리가 무색할 정도다. 밀짚모자에 선글라스를 끼고 이앙기 꼭대기에 앉아 논둑을 장악하신다. 한 치 흐트러짐이 없이 가로지르는 이앙기 끝으로 파릇한 모들이 총총히 들어선다. 젊은 졸병들을 사방에 거느린 장군이 따로 없다. 당신이 지나간 자리는 푸른 모들이 학익진처럼 펼쳐진다. 한 달을 팽팽한 들판에서 땡볕과 전쟁하며 모판을 사수한다.

낮에 모 심고 밤에 보리타작하고 나면 훤하게 날이 샜었다는 젊은 날의 이야기로 새참 자리는 뜨겁다. 한 필지 두 필지 장만한 논마다 사연과 눈물 없는 것이 없다. 고향에 태를 묻고 팔십 년을 그 자리를 지켜내시고 있다. 들판에 자신의 젊음을 갈아엎고 이제는 허리 굽은 호반우로 흙을 섬긴다. 어디서든 누군가에 의해 각통질 당한 삶은 살고 싶지 않았으리라. 자식에게만은 절대로 가난을 물려주지 않겠다고 울면서 다짐했던 새벽들이 아직도 시퍼렇다.

딸랑거리던 워낭이 얼룩소의 장식품이라면 이제 작은 보청기가 대신한다. 고장 난 청신경은 맑은 워낭소리를 거두어 갔다. '잠밭의 장사'라는 별호는 예전 그대로지만 무릎도 발굽도 굽어간다. 눈빛에서 푸른빛이 형형하던 범의 기상은 흐려져 간다. 어디 모서리에 찧었는지 꿰맨 이마를 내 앞에서 모자로 슬며시 감추신다. 온몸을 두르고 있는 질긴 칡넝쿨의 굴레를 이제는 벗고 싶은 걸까? 가장의 칡 줄기는 단단하고 집요해서 함부로 벗길 수 없었을 터. 당신 몸을 동여매고 있는 운명을 스스로 풀고 끊기가 어디 만만했으랴.

온순한 호반우도 눈이 붉어질 때가 있다. 병약한 몸으로 휴학해야 했던 막내아들이 돌아오던 날은 큰 소리로 울었다. 어쩌다 호랑이 같은 화를 부릴 때도 있다. 사랑하는 이들이 욕심껏 따라오지 못할 때다. 아버님의 걸음을 쫓아가는 일은 흉내조차 버겁다. 외며느리인 내가 황소 뿔에 무심히 걸어두는 쑥부쟁이면 좋으련만, 지금도 뒤꿈치를 들고 당신 앞에서 수십 년을 종종거린다.

아버님이 아들과 함께 들녘을 걸어가신다. 대농의 구부정한 허리가 노을의 기울기와 맞춤하게 포개지는 어스름, 남편의 뒷모습이 아버님을 닮았다.

"큰애야, 이제 좀 쉬고 싶은데."

"언제나 내려올 생각이냐?"

"………."

남편의 침묵이 길수록 나는 두 귀 바짝 세우고 심중의 말을 엿듣는다.

일찍 깬 모들이 흙 묻은 소 발굽 소리에 눈썹을 파르르 떤다. 잠이 깬 어린 잎맥들이 일제히 푸른 힘줄을 돋운다. 거대한 트랙터 발굽 소리가 수만 평지에 누운 푸른 포말을 일으켜 세운다. 들판에 치솟는 초록 해일이 마을을 향해 달음질친다. 고랑마다 초록 은어 떼가 들을 헤엄쳐 골목으로 뛰어든다. 동네로 잇는 벼포기마다 비릿한 땀 냄새가 범람한다.

천 년 동안 잠들어 있다는 고향의 잠룡은 어디 있는가? 어쩌면 벌써 일어나 여의주를 물고 타래치는 중인지도 모른다. 여태껏 잠룡은 칡소의 옷을 빌려 입고 논둑을 다지고 물꼬를 여닫으며 땅을 섬겼으리라. 호반우는 그렇게 넓은 토지를 네 발로 지켜냈으리라. 낡은 터에서 거북정자로 여우바위에서 모담 언덕으로 선을 긋고 면을 만들며 삶을 채워 냈을 것이다. 못물로 가득 찬 사각 논들은 아버님의 미완성 원고지, 위기도 지나고 절정도 끝나가는데 당신의 위대한 결말의 마침표가 나는 벌써 두렵다.

물 주는 두 가지 방법
—『고리오 영감』*

    과유불급이었다. 선물로 받은 행운목잎이 노랗게 변해 버렸다. 화초를 잘 키우는 야문 손끝이 못 된다는 것을 또 확인하는 꼴이 되었다. 이번에는 과한 습기로 뿌리가 썩어 있다. 베란다에 다 죽은 행운목을 옮겨 놓고 햇빛이라도 마음껏 받도록 얄팍한 동정심을 발휘했다.
    사랑하는 사람에게 아낌없이 준다는 것은 사랑의 완성이며 상대방으로 하여금 존재의 의미를 구체적으로 느끼게 해주는 행위다. 어떤 관계에서든 사랑의 속성이다. 자식을 위해 인생을 바친 부모의 사랑에서는 오히려 당연하게 여기기도 한다. 교육열이 뜨거운 대한민국의 어머니들은 오늘도 학원 앞에서 자동차 불을 밝히며 길을 막고 있다. 자식만큼은 자신보다 잘 살기를 바라는 원초적인 바람이니 극성이 넘칠수록 자부심은 높아진다. 부모들은 조리개에 돈을 넣어 자식이라는 나무에 아낌없이 붓고 있다. 우리 자녀들의 뿌리는 오늘도 안녕한지…….

"레스토 백작 부인과 뉘싱겐 남작 부인의 아버지 고리오씨, 두 대학생의 비용으로 매장되어 이곳에서 영면하고 있음." 딸들을 위해 평생을 바친 아버지 고리오의 묘비명이다. 상류층에 두 딸을 둔 고리오 영감의 불행은 저 묘비명 아래에서 끝이 난다. 세상과 인생에 대해 지혜를 배우지 못한 고리오 영감의 최후는 부성애라는 숭고한 광기로 덧입혀져 땅에 묻힌다. 딸들의 성공을 위해 자신의 은제 그릇을 반죽처럼 만들고 마지막 연금까지 털어 주는 아버지. 돈과 권력만이 전부인 것으로 키운 고리오의 엇나간 사랑으로 정작 그 자신은 두 딸에게 처절하게 배반당한다. 맹목은 뿌리를 썩게 하는 가장 빠른 방법, 그 뒷면에는 탐욕이 숨어 있다.

밀란 쿤데라는 이 작품을 "돈이 그저 물품 교환의 가치만이 아니라 그 시대 소설에 돈을 집어넣었다는 것에서 발자크의 위대함이 있다. 인간의 역사가 어떻게 가게 될 것인지를 한발 앞서 보여주었다."라고 했다. 고전의 위대함이란 옛사람들만의 얘기가 아닌 시대를 넘어 현재와 미래를 비춰볼 수 있다는 점이다. 보케르

부인의 하숙집은 하나의 사회상을 투영하고 있으며 파리의 사교계와 고리오의 두 딸은 돈과 권력에 부패한 인간성을 고스란히 보여준다. 부자들에게는 법이나 도덕이 무력하고 출세만이 세상에서 최후의 수단임을 강조한다. 오늘 우리의 자식 사랑도 돈과 권력에서 벗어나지 않았다.

나는 여기서 으젠의 어머니를 주목하고 싶다. 부정한 방법으로는 절대로 성공할 수 없고 인내와 체념, 자신의 처지에 맞는 처신이 청년들에게 미덕이라 가르친다. 어머니의 편지는 으젠에 대한 깊은 신뢰였고 걱정 속에서도 다정한 축복이었다. 그리고 아들에게 인생을 향하여 앞으로 나가라는 눈물겨운 응원의 말이었다. 으젠 또한 성공을 위해 파리 사교계 깊은 곳으로 뛰어들었다. 자신을 사교계의 보석 같은 존재로 만들어 줄 사람으로 뉘싱겐 부인에게 접근한다. 그러나 으젠은 뉘싱겐과의 관계를 통해서 파리의 썩어 들어가는 뿌리를 보았고 어둡고 추한 것들을 가장 깊은 곳에서 볼 수 있었다.

으젠은 그것을 경험한 후 사교계를 경멸하고 순간이나마 발을 담근 것을 후회한다. 후회하는 장면은 등장하지 않지만, 그와 비슷한 표현은 얼마든지 찾을 수 있다. 가족들의 헌신을 통해 으젠은 가족에게 행복을 안겨 주고 싶어 했다는 것이 고리오의 딸들과는 다르다. "너희들을 위해서는 나의 희생쯤은 다 괜찮다."라는 고리오 영감의 생각은 배반의 딸들을 만들었지만 가족의 희생과 형편을 솔직하게 얘기하며 아들의 앞날을 응원하는 으젠의 어머니는 부조리에 맞서는 아들을 만들었다. 자식이라는 나무에 물을 주는 또 다른 방법이다.

죽어가는 과정에서 무의식에 쌓여있던 고리오 영감의 회한의 말은 진실이다. 영원한 희생, 무한적인 사랑은 부모와 자식 간의 관계에서조차 완벽하게 이루어지지 않는다는 것이다. 그러나 그 회한 속에서도 두 딸을 향한 그리움으로 부르짖는 고리오 영감, "나는 벌 받아도 마땅하지. 바로 내가 그 애들의 버릇을 망쳐 놓았어. 내가 죄인이지. 자식 사랑 때문에 죄지은 거야". 그럼에도 생애 마지막 말은 "나지! 델핀!" 두 딸의 애칭이었다. 신은 인간의 뉴런에 꼼작할 수 없는 숭고한 부성애와 모성애를 박아 둔 것이 맞다.

마지막 수의를 마련할 수 있었던 으젠의 시계와 머리카락이 들어있는 메달 하나가 고리오 영감이 차지할 수 있었던 최후의 것이었다. 썩은 뿌리 안에서 발자크가 살려낸 뿌리 하나를 본다. 으젠의 의지로 간신히 살아남은 희망이라는 뿌리, "이제부터 파리와 나와의 대결이야!" 그의 외침이 돈과 권력 앞에서 산산이 부서질지 아니면 혁명의 뿌리를 타오르게 할지 작가는 독자의 상상에 맡긴다. 오늘도 도약을 위해 몸부림치고 있는 대한민국의 많은 으젠들을 응원한다.

　나머지 화분들의 흙이 메말라 있다. 뿌리 쪽은 물기가 성성할 것이니 사나흘 후에나 물을 줘야겠다.

---

* 『고리오 영감』, 오노레 드 발자크, 박영근 옮김, 민음사, 1999.

기억의 정원

행복했던 순간은 사진으로 남고 사진은 기억을 재생시킨다. 사진은 생생한 과거 속의 현재를 불러들인다. 소소한 사진이 어떤 이에게는 별 볼일이 없거나 평범한 일상의 나열에 불과할 수도 있다. 그러나 언젠가 낯모르는 이에게 발견되어 인간애와 가족애를 일깨울 수 있는 도구가 된다. 그렇다면 일상의 무료함 같은 밋밋한 사진도 근사한 물건이 되지 않을까 싶다.

옛날이란, 온전치 못하고 어딘지 모자라 보이고 촌스러워 보이는 시절이다. 그 시절을 외면하고 싶지만 차마 그럴 수 없는 연민이 기어코 향수를 불러일으킨다. 오늘이 빛날수록 사진 안의 그것은 더 누추하고 투박하다. 그러나 미숙한 만큼 순수하다. 불완전함과 어설픔이 고스란히 그려져 있는 사진들은 그대로의 진실들을 여과 없이 드러내기 때문에 소중하다.

다용도실에 차곡차곡 쌓여있는 앨범을 꺼냈다. 미세먼지가 뽀얗게 덮여 있다. 앨범 속에서 나의 돌 사진을 본다. 단추 하나가 떨어져 나간 솜옷을 입은 못난이가 돌이랍시고 의젓하게 앉아 있다. 동네에서 약방을 하셨던 아재는 동네 아이들 백일과 돌은 물론 입학과 졸업까지 기쁨의 순간을 담아 주는 마을의 사진사였다. 팔 남매 중에서 유일하게 나는 돌사진을 갖고 있다. 시골에서 계집아이가 자기만의 독사진을 갖는 것이 흔하지 않은 시대였으니 나의 돌 사진은 어머니의 특별한 애정이었으리라.

약방 앞에 나무 의자를 놓고 군용 담요를 걸쳐놓은 뒤 나를 앉힌 듯하다. 손잡이가 없는 의자에서 아기가 떨어질까 봐 담요를 뒤집어쓴 두 손이 아기의 엉덩이를 숨어서 잡고 있다. 아기가 움직이면 곤란한 데다가 떨어지기라도 하면 낭패다. 사진사나 아이를 붙잡고 있는 어머니나 긴장 상태로 조심스러웠을 것이다. 움켜잡고 있는 손이 너무 깊이 들어와 아이의 허리를 다 가리고 있다.

사진이 철 들리는 없고 나이를 먹으니 미처 보지 못했던 것들이 보이기 시작한다. 그사이 더 붙여 두거나 채워두지 않았는데도 그런 것들이 툭툭 튀어나와 새로운 얘기를 건넨다. 말하자면 사진이 변하는 게 아니라 내가 변한 것이다. 내 뒤에서 숨죽여 숨어 있는 어머니의 긴장이 보인다. 초점을 앵글에 맞추기 위해 "호르르 까꿍"을 소리쳤을 사진사 얼굴과 그 옆에서 부럽게 쳐다보고 있을 열 살배기 언니의 모습도 보인다.

죽을 수도 있었던 허약한 아이가 무사히 일 년을 채운 기쁨을 한 장의 사진으로 기념하고 싶은 어머니의 마음이 읽힌다. 젖살이 통통하게 오른 한 살의 나를 찬찬히 들여다본다. 하얀 털모자를 곱게 쓰고 미간을 찡그리며 앉아있는 돌배기 아이 얼굴에 꽃이 피기 시작한다. 기억의 정원에 노란 애기똥풀꽃 무더기가 피어난다.

돌 사진 옆으로 일곱 살인 나와 해맑게 웃으시는 부모님과의 사진이 채송화처럼 피어있다. 그러니까 돌 사진 다음으로 찍은 두 번째 사진이다. 그날의 기억은 어제처럼 선명하다. 내 옆에 앉아있는 세 살짜리 막내는 바지조차 입지 않은 맨발이다. 상처가 난 이마에 궁상맞게 치약까지 발랐다. 예배를 마친 일요일 정오였다. 예배당 계단을 내려오시다 약방 아재를 만난 것이다.

엉거주춤 부끄러워하는 아버지를 꼼짝 못 하게 팔짱을 끼신 어머니가 환하게 웃고 계신다. 그 설정은 계단 밑에서 농을 던지고 있던 사람들의 주문이었다. 네 명의 모델은 부끄러우면서도 설레는 마음으로 카메라를 보았다. 검정 치마에 버선까지 신으신 어머니와 성경을 옆구리에 끼고 커다랗게 웃으시는 아버지의 모습은 시원한 대나무 숲을 떠오르게 한다. 어린 시절 아버지와 찍은 유일한 사진이다. 행복했던 나의 유년 시절을 그려보라 한다면 나는 이 사진을 베낄 것이다.

예배당 계단에서 찍은 사진 한 장이 시간의 숲을 거닐게 한다. 가난하고 세련되지 못한 시골의 어느 한날이 저토록 눈부시게 수십 년을 걸어왔다. 그날은 사진사도 아버지 어머니도 오줌싸개 동생도 농을 던지던 이웃도 나에게는 주인공이다. 사진을 들여다보는 것이란 보이지 않는 마음까지 읽어 보는 것이리라. 흑백 사진 속에서 부모님은 늙지 않아 꽃밭이 되고 숲이 된다. 나의 몸이 그 시절의 아기로 소녀로 머물 수는 없지만, 나의 마음속에 사는 소녀를 불러내 만날 수 있다. 모처럼 머리에 동백기름을 바르고 하얀 무명 치마저고리를 입으신 고운 어머니를 뵐 수 있다. 수십 년 전에 하늘로 가신 아버지에게 "거기서도 잘 계시지요?"라고도 묻는다.

이제는 내가 사진사가 되어 기억의 정원을 만든다. 지루한 일상에서 소풍 같은 날들을 자주 만들어 아름다운 세상에 환호성을 지르며 셔터를 누른다. 나의 정원에 구름과 숲과 붉은 꽃을 들이고 별과 노을과 바람까지 불러다 놓는다. 셔터를 누르는 순간은 금방 과거가 될 터이니 순수의 이름으로 두고두고 사랑할 만한 찰나를 담는다.

단언컨대 사진을 찍는 우리는 모두 기억의 정원사다.

억새 산행

 가을걷이를 시작하는 이맘때면 윤기 나는 하얀 머리털을 흔드는 꽃이 있다. 무덤 언저리나, 뙈기밭 두둑, 마을로 들어가는 길섶에 군락을 이루고 서서 본격적으로 가을로 가는 길을 재촉한다. 은빛 물결을 너울거리며 가을의 대미를 장식하는 억새꽃이다. 하얀 털 솔기가 밍크 이불처럼 포근한 이미지를 주기도 하지만 그 이름만큼이나 줄기와 잎이 뻣뻣하고 억세다.
 억새는 스치기만 해도 시린 통증이 따르는 새침함을 갖고 있다. 그래서였을까? 어릴 적 소 꼴을 베러 가면 야무지게 낫질을 잘하던 친구도 억새는 베지 않았다. 사춘기가 막 시작되던 열다섯 살쯤이었을 것이다. 석양을 등지고 역광으로 보는 억새의 흔들림에 외로움의 형상화란 저런 것이지 싶었다. 청상과부의 여인이 노을을 향해 쓸쓸히 앉아 있는 모습처럼 슬퍼 보여서 공연히 눈 밑을 닦아내기도 했다.

장흥 천관산 환희대! 나무도 없는 바람 센 민둥산 고개에 그 억새가 파도의 거품처럼 물결을 친다. 바람 따라 한바퀴 돌다가 다시 반대편으로 허리를 숙이고 일제히 흰머리를 튼다. 탑산사에서 구룡봉까지는 오솔길과 바윗길에 달개비가 지천이고 아소카왕이 세웠다는 아육왕탑의 위용이 하늘을 찌른다. 신선들이 구름 위에 엎드려 턱을 괴고 바위 쌓기로 감로주 내기를 했는지 바위들을 아슬아슬 쌓기도 잘 쌓았다.

다도해에서 올라온 해풍 탓인지 산죽과 동백나무들은 저희끼리 부딪치면서 시원한 소리를 내뱉었다. 바람을 따라 나무들이 파도 소리를 냈다. 남편과 나는 산을 오르다 말고 "다시 들린다, 어! 멈췄네."를 연방 주고받으며 질펀하게 한판 벌어진 바닷소리 한마당에 추임새를 넣었다. 이만하면 시원한 그 소리로 세상의 묵은때가 다 씻겼으려니 하며 기암괴석 사이에 놓인 대웅전을 쳐다봤더니 "아나! 이것들아!" 부처님 두 눈이 장난스럽게 옆으로 돌아간다.

환희대에서 연대봉까지 가는 길은 누워있는 소의 등처럼 완만한 능선이다. 산 아래를 내려다보니 푸른 바다와 누런 들판이 천관산 발등에서 부챗살처럼 퍼져 있다. 푸른 다도해가 정남진을 둘러싸고 쪽빛 치맛자락을 함초롬 펼쳐 놓았다. 그 위로 황금빛 금박을 물리느라 조물주는 햇볕의 강도를 열심히 풀무질하고 있었다. 천관산 정상인 이곳은 천제를 지내기 위해 흰 도포를 갖춰 입은 제관들의 옷차림처럼 고고한 은빛이 정갈했다. 하늘의 면류관을 머리에 썼다는 이름값 좀 하려면 세월에 바랜 흰머리 정도는 갖춰 줄 필요가 있어야 했으리라. 빽빽한 흰머리 숱이 빗질하기가 어려울 만큼 탐스럽다. 조심스럽게 가른 흰 가르맛길을 걸으며 일렁이는 억새 춤사위를 넋을 잃고 바라보았다.

저 멀리 불영봉으로 내려가는 아랫길이 봉화대 밑에서 구불구불 길게 휘어져 있다. 등산객들은 다들 장천재로 넘어갔는지 이쪽은 호젓하니 우리 부부뿐이다. 하산을 서둘러야 했다. 석양빛을 등지고 표표히 서있는 억새 모습을 뒤돌아서 눈에 다시 담는다. 강한 해풍에 숨이 차듯 서걱거리며 쓰러지다가도 그 바람이 잦아들면 다시 일어서는 억새의 자긍심을 본다. '활력'이라는 꽃말처럼 황량하고 건조하기 그지없는 시절에 잠시나마 발랄한 생기를 준 자연이 고마웠다.

새벽 나절 "밭두렁에 흔하게 피는 고깟 억새를 보자고 먼 길을 가자 하느냐."며 딴전을 피우고 주저하던 남편이 야속했지만, 그의 속내를 아는 만큼 이녀의 속도 알아주길 바랐다. 무릎이 약한 그가 바위산을 올라야 할 두려움과 부딪혀 이긴 보람이었는지 감흥의 수위가 올라가고 자신감이 붙어 상기된 얼굴로 다음 산행을 물어온다.

아직은 쓸쓸하지 않은 초가을, 넘실대는 들판과 은빛 억새꽃의 군무를 시작으로 우리집 대주의 퇴청 소리가 이제부터는 제법 우렁차지 않을는지. 자동차 시동을 켜는 그의 두꺼운 손을 흐뭇하게 쳐다보았다.

오늘은 팝콘처럼

　말풍선들이 손전화기 속에서 붕붕 떠다닙니다. 더러는 액정으로 장미꽃다발을 안기고 이모티콘 폭죽을 터트리거나 달콤한 크림 케이크를 배달했습니다. 이른 아침부터 사랑이 담긴 말들은 긴 거리를 달려와 제 가슴안으로 뛰어듭니다. 보내준 몇 줄의 글과 몇 장의 그림은 불땀 좋은 장작이 됩니다. 나의 임들이 지피는 사랑의 장작불 때문에 단단했던 마음이 껍질을 뚫고 하얗게 부풀어 오르기 시작합니다.

　어머님의 '내게 상급 같은 며느리'라는 말씀에 마음에서 북소리가 울리고 그 뒤로 물음들이 꼬리를 뭅니다. 다시 헤아리고 또 읽습니다. 대농 집안의 맏며느리지만 배추 몇 포기 솎아내지 못 하는 시원찮음이 말이 아닙니다. 주말마다 농사일을 거드는 남편을 따라가 새참이나 끼니를 겨우 짓는 게 다입니다. 좀 튼실하고 야무진 며느리를 보셨다면 들일도 밭일도 수월했을 텐데요.

시아버지께서 "누구네 며느리는 주말에 비닐을 씌우고 갔네, 고추를 따고 갔네."라며 부러워하면 어머니는 음식 잘하는 며느리가 최고라며 아버님의 입을 막으십니다. 얌전하게 침묵을 지키고 있으면 제 얼굴을 얼마나 살피시는지 얌전한 체도 못 하고 말지요. '상급'이라는 말씀은 부담스러운 축하 선물이 맞습니다. 꼭 그렇다는 게 아니라 '그렇게 성숙해 가라'는 당부로 읽었습니다.

작년 생일에는 농사지은 서리태콩을 팔아 축하금을 제게 주셨습니다. 그것은 시부모님의 세 계절이 녹아있는 값임을 알기에 한 푼도 쓰지 못하고 통장에 넣어두었습니다. 주말마다 시댁을 향하는 남편 손에 몇 가지 밑반찬을 보내거나, 김치를 보냅니다. 겨우 그것만 할 줄 아는 것이라서요. 어머님도 절대 빈손으로 남편을 보내지 않고 텃밭 채소라도 싸 보내시지요.

일 년에 한 번 생일 축하 문자를 주는 손아래 시누 남편은 오늘도 여전합니다. 명절에 만나면 서로 말이 잘 통하지만, 아직도 어려운 가족입니다. '느티나무의 자리 지킴'이라는 어휘로 축하를 보냈습니다. "집안의 느티나무로 잘 계셔 주셔서 고맙다."라는 말씀에 저의 아침 출근길이 경쾌했습니다. 그러나 느티나무의 이미

지는 굴레가 되기도 합니다. 이순을 바라보는 요즘은 무게에서 자유롭고 싶다는 생각이 들기도 하니까요.

'자신의 자리를 잘 지키고 있는가? 지금도 흔들리지는 않는가?' 스스로 묻습니다. 그 모든 어휘가 오늘은 책임과 성실을 묻는 물음이 되어 심장에 꽂히는 날이기도 합니다. 조카들의 축하 연주가 동영상으로 올라오고 아버님의 금일봉은 두껍고 시누이의 선물은 부담 없이 알맞습니다. 아이들은 저의 새 돋보기를 남편과 함께 선물했습니다. 저녁에 생일상에 도미찜과 잡채와 미역국을 찰밥과 함께 차릴 겁니다.

친정 식구들은 아무도 제 생일을 기억해 주지 않지만, 이상하게 서운하지 않습니다. 친정어머니께 전화를 드렸더니 "이름 덕을 톡톡히 본다. 여덟 중에 제일 약한 것이…." 또 말끝을 흐리십니다. 어린 시절 어머니는 잠자고 있는 저의 팔목을 깡깡 물어주셨지요. 아파서 눈을 떠보면 미소 지은 얼굴로 가만히 저를 들여다보고 계셨어요. 대견했던 거지요. 까무룩 죽었던 벌거숭이가 잘 크고 있었으니까요. 지금은 맛볼 수 없는 그리운 통증이라서 우습게도 가끔은 제가 제 팔을 물어보곤 한답니다.

이제야 시가에 제대로 접붙임이 된 것 같습니다. 어쩌면 제 착각일지도 모릅니다. 적당한 거리는 누구에게나 필요한 것이니까요. 오늘만큼은 칭찬받은 고래처럼 몸을 흔들며 춤을 추고 싶습니다. 마침 춤추기 좋은 봄날이니까요. 벌써 어버이날이 다가옵니다. 이번에는 제가 지필 사랑의 장작을 구해야겠습니다. 미리미리 사랑하는 이들이 부풀어 오를 말들을 처마 밑에 차곡차곡 쌓아놔야겠어요.

늘어지게 제 자랑했으니 이제 벌금을 내라고요? 아니지요, 오늘 저는 창공으로 팡팡 날아오르는 노란 팝콘이니까요. 하하하….

우표의 꿈풀이

 나의 거실에는 세 점의 고가구와 괴목 탁자가 있다. 셋집에 살다 처음으로 장만한 아파트로 이사하면서 평범한 거실장은 들여놓고 싶지 않았다. 제법 알려진 공예장인이 만든 이층장과 나비장, 반닫이를 내 거실에 들여놓고 토기 장식품을 올려놓았다. 그중 가장 키가 작으면서 넓은 반닫이는 무쇠로 섬세하게 장식되어 아름답다.

 반닫이는 문서며 계약서들을 품고 있다. 중요한 서류들이 생길 때마다 우체통에 편지 넣듯 벌려진 틈으로 밀어 넣었다. 백통 자물쇠로 입을 굳게 다물고 있어 누구도 함부로 열어보지 못한다. 공교롭게 가구 밑으로 들어간 물건을 꺼내야 할 일이 생겼다. 움직이는 김에 입 무거운 반닫이의 자물통을 찰칵 열었다. 그 속에 떠나간 것들이 모두 숨어 있었다. 세월이 곳간의 나락처럼 차곡차곡 쌓여 있었다.

  신혼 시절부터 써왔던 가계부와 일기장들이 햇빛을 받더니 부스스 눈을 떴다. 세 아이 육아 일기장도 보이고 결혼 전 받은 편지뭉치도 낡은 귀퉁이를 쏙 내밀며 존재감을 보였다. 꼭꼭 잠겨 있어 시원한 숨 한번 쉬지 못한 탓일까. 어떤 것은 얼굴이 누렇게 떠 있다. 오랫동안 까맣게 잊어버리고 있었던 이것들을 거실 바닥에 줄줄이 늘어놓았다. 쿰쿰한 냄새를 풍기는 것들을 가을볕에 널었다. 외롭고 우울할 때 낙서하는 버릇은 오래되었다. 그 버릇에 의해 쓰인 글자들, 오늘만이라도 거실 바닥에 곱게 누워 행여 남아있을 물기들이 마르기를 바랐다.

  좁은 반닫이 귀퉁이에서 매화 꺾쇠가 껴안아 주는 힘으로 겨우 버틴 편지들이다. 딱지처럼 접은 한 장짜리 글도 있고 흘림체로 멋들어지게 거들먹거리는 글도 보인다. 울긋불긋 꽃 편지 안에는 마지막 인사로 진달래 빛 립스틱이 찍힌 입술도 있다. 추신 속의 다짐이나 애원은 절박하다. 스무 살 무렵 애인에게 보냈던 위문편지 이마에는 노란 나비 한 마리가 붙어있다. 우표의 노란 나비는 군인 아저씨를 어떻게 꼬드겼는지 첫 휴가를 나와 골목 어귀에서 덥고 생경한 숨결이 되어 주었다. 갈라지고 터진 손으로 강

원도 어느 부대에서 보낸 그의 소식들은 "군사우편"이라는 시퍼런 낙인으로 우표 자리에 서서 아직도 거수경례하고 있다.

우표 옆에 빠른 우표가 붙어있는 편지는 무슨 소식으로 급하게 와야 했을까? 마른 가슴에 불 지르는 다급한 사연은 아니었을 거다. 그냥 스물두 살 청년의 순정을 안고 비행기가 그려진 빠른 우표는 부리나케 날아왔을 거다. 부모님도 면회 한 번 갈 수 없었던 참으로 먼 곳에 있던 사람이었다. 그중 유난히 두툼한 봉투들은 나와 아들을 촌에 묶어두고 고시촌에서 공부하던 남편의 것이다.

매월 나의 월급을 모두 보냈는데도 객지에서 모자란 생활비를 부탁하는 애끓는 사연이리라. 궁여지책으로 저녁에 동네 아이 몇을 가르치며 아들의 모자란 분윳값을 벌었던 시절이었다. 내 서러움에 북받쳐 남편에게 하는 내 하소연도 길었다. 지금 고시촌의 젊은이들은 어떠한 문장으로 손을 내밀고 있을까. 설마 손편지 따위를 쓸까? 핸드폰 문자는 필체가 지닌 얼굴이 없으니 절절한 감정은 해학적인 이모티콘이 대신하는 세상이다.

편지에는 새파랗게 젊은 우리의 뒤척거림과 몇 날은 새었을 몸부림이 스며있다. 어른들 몰래 밀어를 속삭이는 가막마루 같은 편지도 숨어 있다. 낙향을 앞두고 이루지 못한 꿈과 한탄을 쓴 남편의 흘림체 글씨는 슬프면서도 아름답다. 우표 한 장 이마에 붙이고 명찰하나 가슴에 달며 무수히 달렸을 편지의 냄새가 짭조름하다. 속마음에 누군가를 향한 간절함을 고스란히 담고 뛰어갔을 파발은 얼마나 숨이 가빴을까. 간절함이든 아쉬움이든 주인의 타들어 가는 심정을 우표는 짐짓 알았을 것이다.

　밤새워 글들을 썼다 지웠다 하는 주인님의 심사를 우표는 멀뚱히 지켜보았다. 사뭇 진지한 표정으로 되짚어 읽는 동안 눈시울이 붉어진 새댁의 한숨도 들었을 거다. 그러므로 우표는 단박에 나와 한편이 되어 버렸으리라. 주인의 증인이 되어야 하는 이유로 제 몸에 검은 망치를 기꺼이 맞으며 "나, 우표는 내 주인님의 심장"이라고 외쳤을 것이다. 우표도 꿈을 꿀까? 천리마로 달리는 꿈이라던지 마음과 마음을 끊어지지 않게 연결해 주는 뫼비우스 띠 같은 꿈 말이다.

　어느 순간부터 나는 우표를 사지 않아도 되었다. 시간 위에서 새 둥지도 짓고 새끼들을 품고 견뎌 내야 할 업을 사위어 내느라 그리움도 잊어 버렸다. 이제는 몸 달을 일도 없고 저 너머의 미래가 그다지 궁금하지도 않다. 절절했던 스물두 살의 군인은 희끗희끗 반백의 남자로 식구가 되었다. 큰아들 위문편지에 답장이나 쓰려고 사둔 300원짜리 우표는 내 지갑 속에서 육 년째 그대로다. 이제는 마음속에 우표 한 장을 숨겨 넣고 보내고 싶으나 보내지 못하는 편지를 품고 다니는 게 더 이력이 나는 나이다.

　자신의 마음 안에 우표를 챙겨 다니는 사람은 지구 끝이라도 달려가서 영혼을 연결하고 싶은 꿈이 있는 사람이다. 거리가 아무리 멀다 할지라도 연결의 끈을 물고 오는 우표의 심정을 아는 사람이다. 왜곡 없이 상대에 안착하고 싶은 편지의 꿈을 품는 사람이다. 코비드 삼 년째, 만나기를 꺼리고 밥 먹기는 더 어렵고 그나마 이어나갈 관계는 자꾸 힘이 든다. 물리적 거리두기에 충실했더니 마음의 거리두기는 더 쉬워졌다. 고립무원이 제일 안전하다고 느껴 나만의 해자를 판다. 그런 탓으로 착지점을 못 찾는 우표의 꿈들이 노란 점으로 변신했지만, 핸드폰 속에서도 여전히 헤맨다.

　눈물로 얼룩진 글씨는 역사 속으로 사라졌는지 땅을 치며 대신 울어주는 이모티콘 아이가 화면에서 대활약을 펼친다. 이제 마음을 토하며 편지 쓸 일은 내게 일어나지 않을지도 모른다. 나와 함께 늙어가는 구닥다리 편지 뭉치들을 찬찬히 세웠다. 살아있는 한 버려지지 않을 과거의 기록들, 내 삶의 무거움을 고스란히 담은 수십 년의 무게. 주고받은 마음의 중량이 마지막으로 안착한 곳 소나무 반닫이. 묵언수행을 다시 명령하며 뺑통 입술을 철컥 닫아건다.

깡태

고방 안은 심해였다. 차갑고 적막하며 어둡다. 갖바듬하게 빛이 들어온 구멍을 타고 뿌연 먼지가 부유한다. 풍만한 질항아리가 어둠의 경계와 마주하고 있다. 구석 자리에서 세월과 함께 늙은 뒤주의 발목이 묵은 옛말을 품고 벽에 바짝 붙었다. 뒤주 위에 낡은 채반이 참으로 인정스럽다. 저 채반 위로 훌쩍 헤엄쳐 들어와 첩첩이 쌓였던 마른 물고기들이 있었다. 꿰미에 줄줄이 묶였으나 형형한 두 눈을 부릅뜨고 사시사철 고방 안을 지켰다. 납물처럼 캄캄하여 저녁 같은 곳, 검붉은 눈을 치켜뜬 눈알이며 쩍쩍 벌어진 아가리 속 시커먼 목구멍이 무섭기도 했으련만, 어린 나는 물고기들의 마른 눈들이 좋았다.

시퍼런 동해를 떼로 몰려다니며 주름잡은 물고기로 수심 깊은 곳에서 맑게 살았다. 동해는 차가운 해류를 따라 오르는 명태의 꿈들로 항시 출렁였다. 흰 몸빛으로 너울대는 해초 무리의 치마 속을 휘젓고 은백색 물길을 냈다. 붉은 아가미에서 마지막 호흡이 뱉어지는 새벽, 검을 눈망울 위로 차가운 달이 떴다. 크게 벌린 주둥이마다 촘촘한 실톱은 가지런했다. 섬약한 이빨은 물살에 갈고 닦은 저만의 강한 무기였으리라. 저 이빨은 제 속에 들어온 것을 옹골지게 지켜낸 준열한 가시울타리가 아니겠는가.

명태들은 무른 살성을 지켜내느라 겨울 나라만 찾아다닌다는데, 그러고 보니 제아무리 바닷속 삶이 힘들어도 몸 바깥에 갑옷을 입지 않으며 안으로 사리를 벼리지 않았다. 겨울바람에 마른 몸피는 속으로 단단할 뿐 한없이 가볍다. 사람들은 창자와 알집을 소금에 절이고 기름을 내려 등불을 밝혔다. 저라고 왜 가슴 안에 단단한 심주가 없을까마는 마지막 물기마저 내주고 깨끗이 비운다. 짝짝 찢어져 제 살을 모두 내어 바다의 진액을 풀어 놓으면 그제야 사람의 얽힌 속도 시원하게 뚫렸다. 어느 것 하나 버릴 것 없이 옹골진 깡태의 한 생이 어찌 그리 아버지와 닮았을까.

한때 아버지는 함경도 북청에 머물렀다. 젊은 날 북청은 아버지의 유토피아였다. 출렁이는 꿈은 만주로 이어졌다. 아버지의 거친 숨소리가 북으로 내달렸던 검은 밤. 꿈의 해류를 타고 헤엄처 갔던 아버지는 등지느러미 휘저어 오르면서 무엇을 그리셨을까. 나라를 잃고 아는 이 없는 눈물의 나라에서 두 손에 무언가를 쥐고 돌아오고 싶은 마음은 간절했으리라.

어느 폭한의 겨울밤, 명태가 지천인 북청의 노포에서 뜨끈한 국물을 정신없이 들이켜는 덥수룩한 아버지를 떠올려본다. 꾀죄죄한 모습으로 고향의 계신 늙으신 어머니를 그리워했으리라. 몸속으로 북엇국의 구수한 냄새가 들어차는 순간 뜨거운 그리움이 국 사발에 옮겨붙고 눈물로 바뀌자 얼른 밥 한술을 국물에 꾹꾹 말았을 것이다. 북어의 살맛이 그리움과 엉겨 붙은 북청, 뼛속으로 파고든 북방의 하룻밤은 안팎으로 얼마나 뜨거웠으랴.

아버지의 북방 세계도 결국 별반 다르지 않았다. 그 먼 나라를 떠돌며 움켜쥐고 온 것이 가슴에 병을 얻은 것으로 끝났으니 말이다. 무명천에 피를 토하는 밤마다 가늘고 긴 기침이 거친 고원에서 울려온 듯했다. 죽음에 묶여 꼼짝할 수 없는 처지로 전락할지도 모른다는 공포를 이겨내려고 안간힘을 쏟았다. 깡태의 등뼈 같은 아버지의 꼿꼿한 성정은 거기서 발화된 것이었다.

생의 마지막 날 깜깜한 새벽, 조용히 일어나 가쁜 숨을 몰아쉬며 기도했던 아버지. 노년의 미약한 호흡마저 남은 가족을 위해 바치는 적요의 시간이었다. 흰 무명실에 처연히 묶여 액막이 제물로 바쳐진 앙상한 깡태 한 마리가 얼비쳤다. 당신을 송두리째 내어놓는 마지막 의식이었을까. 남은 호흡마저 자식을 위해 삭히면서 마침내 아버지는 종교처럼 신성해졌다. 북청에서 시작된 아버지 심연의 물빛 맑은 물고기 한 마리도 그제야 이생에서 쉼을 얻었다.

피어라, 꽃심

 책을 덮고 대숲 아래서 바람의 소리를 듣는다. 간간히 사운대다 가는 그 소리에 마음을 잇대어 본다. 우듬지 끝에 밤새도록 별빛이 어리었다. 푸른 잎 위로 구름이 몰려오고 곧게 뻗은 목피 아래로 시선이 멈춘다. 내 시간을 메고 얼마나 왔을까? 대나무 사이로 후두둑거리다 가버린 젖은 시간들이 뒷걸음친다.

 내가 찾은 위안의 처소 경기전, 내삼문 옆 올곧게 서있는 죽림에서 삽상한 바람의 노래를 듣다가 한 모슴 위무를 얻는다. 헝크러졌던 인정의 실타래가 간명하게 정리되는 재간이 툭툭 살아난다. 노란 햇살이 잿빛 기와 너머로 기울었다. 덩치 큰 느티나무도, 매끈한 베롱나무도, 허리 굽은 매화나무도 차분하게 마음을 가라앉힌다. 새들도 조용해지고 한껏 고즈넉해지면 군자를 상징하는 연꽃 무성한 사묘 안에 어진만 계신다.

이십 년 전 철새의 꼬리에 긴 실을 묶어 쫓기듯 한 도시에서 빠져 나왔다. 도망 나온 것이 아니고 도시가 우리를 밀쳐 냈다. 거기서 가진 것을 모두 잃어버렸기 때문에 미련조차 남지 않았다. 물설고 낯선 것은 여기도 마찬가지였다. 아슴한 기억 속, 스무 살 내 꽃 같은 날들이 희망을 품고 자주 날을 샌 집은 골목이 깊은 이 도시 어디쯤이었다. 돌고 돌아온 모래내 강가에 낡고 초라한 방 한 칸을 얻었다. 때로는 시간만 한 비방이 없다고 여기면서 이 또한 지나가리니 하며 강가에 앉아 자신을 타이르던 날들이 흘러갔다.

잡으려고 했던 것을 자꾸 놓치고 무릎에 힘이 빠지는 날에는 습관처럼 경기전 뜨락을 걸었다. 정문을 지나 홍살문, 외삼문 내삼문을 지날 때 직선적인 역사성을 가늠하게 된다. 가장 깊은 정전에서 어진을 뵙는 순간, 삿된 마음은 안광에 꿰뚫어져 버린다. 여기는 태조의 어진이 모셔져 새 왕조가 비롯됨을 상징하는 곳이다. 태조의 조상이 모셔져 있는 시작 넘어 시작이 있는 곳이다. 침묵으로 호령하는 위용 앞에서 나의 좌절과 포기는 금지당한다. 내 절망들이 포승줄에 묶이는 곳이다. 내 꺾인 꽃심이 다시 올곧게 솟아 새롭게 시작할 힘을 얻는다.

사람들은 세상의 풍광에서 자주 차경을 한다. 빌려온 풍경에 내면의 심상을 견주다가 의미를 포착하는 날을 잊지 못한다. 전주에서 가장 멋진 차경의 장소는 벚꽃이 흐드러진 남고산성이다. 산성을 따라 걸으면 어머니의 산 모악이 완만한 등허리를 누이며 쉬고 있다. 엄뫼가 펴놓은 치맛자락 아래로 동네가 생기고 골목이 나뉘며 흔적과 이야기가 쌓였다. 마을과 고을에 시간의 켜가 생기고 역사가 쓰였다.

만경대와 억경대, 모악산과 완산의 경지가 병풍처럼 펼쳐지는 이곳이 가장 아름다운 자리다. 드넓게 완산벌을 벌려놓은 이곳에서 아집이 깨지고 편견은 부서진다. 저 아래에서 복닥거리던 살림살이가 가벼워진다. 그래서 남고산성을 오른 날은 마음의 사진은 확대되고 선명해진다.

과거와 현재, 사람과 문화, 저항과 풍류가 무늬를 이루는 곳, 삶을 사랑하는 방법과 너나들이, 서로를 여낙낙하게 감싸는 일을 가르치는 곳. 저 밑에 한 송이 꽃처럼 피어서 천 년을 빛내는 꽃심의 전주가 향기를 머금고 있다. 대동의 상생이 꿈틀거리고 어우렁더우렁 너와 내가 서로를 물들이는 꽃 마음이요 꽃 힘이 되는 곳이다. 어설픈 뜨내기였던 한 시절, 아무것도 없이 찾아온 객지 사람을 먹이고 키워 준 전주는 나에게는 뜨겁게 고마운 곳이다.

　오목대에서 보는 전주는 내려다볼 게 아니라 모든 감각을 깨워 가만히 들여다봐야 맞다. 풀어내는 정신은 자신을 낮추고 그렇게 봐야 보인다. 집집이 서화 한 폭을 바람벽에 내건 높은 취향을 눈치채야 한다. 나그네를 돌아보는 아심찮은 따듯함이 홍성대는 막걸리 골목에서 인심을 훑어봐야 한다. 그리고 뜨거운 국물이 넘치는 동문 노포들의 거리에서 뭉근하게 배어 나오는 사람 사는 냄새를 맡아봐야 한다.

　작년, 첫눈 내리는 밤 전동성당을 찾았다. 눈이 사뿐히 내려앉아 예수상이 설광에 은근하게 빛나는 밤이었다. 가로등 때문인지 흰 마당은 포근해 보였다. 우연이었을까, 승암산 중 바위에 묻힌 동정 부부의 묘를 찾아갔던 길도 눈이 왔었다. 능지처참과 참수형을 묵묵히 감내하고도 신앙을 버리지 않았던 유항검의 가족이 안장되어 있는 곳이다. 바위 사이로 십자가상이 처연하게 느껴지던 치명자산, 그곳은 순교자들의 마지막 안식처다.

　순교자들의 성혈이 묻은 돌을 취하여 주춧돌을 삼은 신앙의 요람인 이곳, 사회가 허락하지 않는 세계를 가고자 했던 그들의 두려움 없는 담대함을 먼저 살펴야 하는 곳이다. 목숨을 대신해 신앙을 지킨 뜨거운 성지인 여기에서 속물적인 심장부터 꺼내놓고 무릎을 꿇어야 한다. 올곧은 마음이 서슬 퍼렇게 하늘을 향해 솟아 있는 것이 성당의 십자가가 아닐는지. 그래서 붉은 중앙의 종탑은 오늘도 황홀하다.

지금 전주는 꽃심이 다시 피어나고 있다. 피고 지는 생명의 순환을 따르고 새 열매를 맺고자 한다. 서로 어울리며 생명의 씨를 잉태해 더 새롭고 찬란한 꽃을 원하고 있다. 옛것을 본받아 새로운 것을 창조하는 법고창신이 들썩거리며 움트고 있다. 재래시장이 도깨비시장으로 바뀌는 저녁, 사람들은 청년 장사꾼이 몰려있는 청년몰에서 작은 액세서리를 사거나 커피를 주문한다. "적당히 벌어서 아주 잘 살자"는 상징 문장이 중년인 내게 활기를 준다. 어린 꽃심들이 까치발을 하고 삶을 채우고 있는 모습을 기꺼이 응원한다.

들썩대는 시장을 빠져나오니 전주천 위로 달빛이 환했다. 한참을 달 바라기가 되었다. 한때 방문자였던 내가 거주자가 되었고 이제는 안내자가 될 수도 있겠다는 생각이 들었다. 꽃심 전주를 온몸으로 부딪쳐온 나는 이제 완벽하게 전주에 접붙인 나무가 되었다.

"천 년이 지나도 이천 년이 지나도, 끝끝내 그 이름 완산이라 부르며 꽃심 하나 깊은 자리 심어 놓은 땅. 꽃의 심, 꽃의 힘, 꽃의 마음"

 그러니 마음껏 피어라 꽃의 마음, 마음껏 피워보자꾸나, 꿈꾸는 전주.

김삼복 수필집

노루

인쇄 2024년 11월 1일
발행 2024년 11월 5일

지은이 김삼복
발행인 서정환
펴낸곳 수필과비평사
주소 서울시 종로구 삼일대로 32길 36(익선동 30-6 운현신화타워 빌딩) 305호
전화 (02) 3675-3885 (063) 275-4000
팩스 (063) 274-3131
이메일 essay321@hanmail.net
출판등록 제300-2013-133호
인쇄·제본 신아출판사

저작권자 ⓒ 2024, 김삼복
이 책의 저작권은 저자에게 있습니다. 서면에 의한 저자의 허락 없이 내용의 일부를 인용하거나 발췌하는 것을 금합니다.
COPYRIGHT ⓒ 2024, by Kim Sambok
All right reserved including the rights of reproduction in whole or in part in any form.

저자와 협의, 인지는 생략합니다.
잘못된 책은 바꿔 드립니다.

ISBN 979-11-5933-553-2 (03810)
값 15,000원

Printed in KOREA

이 책은 한국예술인복지재단 예술활동준비금 지원사업 기금을 지원받아 발간했습니다.